ミッションをつくってみたら組織が大化けしちゃった話

売上が5億から100億に伸びたジョンソンホームズの軌跡

ミッションをつくってみたら組織が大化けしちゃった話

序章

1.
いつも一人で
頑張っている
あなたへ 09

一生懸命なのに
なぜか組織がまとまらない

まとまらないのは
想いを言葉にしないから

想いをカタチに
人はそれをミッションと呼ぶ

2.
ミッションが
会社を、社員を変えた 21

企業の存在意義を表すもの

組織も
働き方も変えていける

第一章

私がミッションと出会うまで

1 窮地にたったジョンソンホームズ
「あと一年」からの再起 …… 30
業界の常識よりも自分の家族が喜ぶ家を …… 32

2 人を幸せにする会社になる！
リーマンショックと武者修行の旅 …… 35
そして、衝撃の出会い …… 37
想いを言葉に、言葉をカタチに …… 40

第二章

ミッションは何でできているのか

1 ジョンソンホームズのミッションとバリュー
想いを明文化したミッションとバリュー …… 46

2 ミッションを構成する要素
ジョンソンホームズのミッションは何でできているのか …… 52
自分たちは「何屋」なのか …… 54
「幸せな暮らし屋さん」になるために必要なこと …… 55

3 バリューを構成する要素
自分たちが働きやすい環境とは何か……59
理想の社風は自分たちでつくる……61

第三章 ミッションで変わった、なにもかも

1 ミッションで変わった、なにもかも
人も職場も業績もガラリと変わった……66
ミッションが浸透すると後は自動的に動いていく……71
嘘がない会社はお客さまからも社員からも信頼される……73

第四章 ミッションのつくり方

1 ミッションづくりのコツ
自分たちらしさが詰まったミッションを目指そう……78
話し合いの時間をたっぷりとる……80
ワークシートを活用する……82

2 〈理論編〉ミッションを考える際のポイント
ミッションづくりにはキーワードが必要……85
ミッションができるまでのプロセス……87
ミッションに必要なキーワードを探す……88

3
〈実践編〉ミッションに必要なキーワードを出す
事業に意味をつける／ワーク01……90
自分たちは何屋かを考える／ワーク02……92
意味から「先」と「周り」の価値を想像する／ワーク03……94
心が震えるか確認する／ワーク04……98

4
〈実践編〉バリューに必要なキーワードを見つける
バリューとは社員が大切にしている想い……100
自社の歴史を振り返る／ワーク05……102
自社のよいところを列記する／ワーク06……104
理想の社員像をイメージする／ワーク07……106
よくする指示の本当の意味／ワーク08……108
自社らしさを洗い出す／ワーク09……109
どうしてそう考えるのか核心を見つける／ワーク10……111

5
キーワードをミッションとバリューに分ける
みんなが共感できるワードを選ぶ……113
キーワードを仕分けてまとめる……115

6
キーワードを完成させる
独りよがりのミッションになっていないか？……117

7
三人寄ればミッションはつくれる
まずはチーム内の身近なミッションから……122
チーム家訓の事例……123

第五章　ミッションを浸透させる

1　ミッションを深く浸透させる方法

つくっただけでは何も変わらない……128

社員全員がミッションについて考え、話す……130

発信・共有する場を設ける……131

2　業務の中でミッションを活用する

意思決定の場でミッションを絡める……133

ミッションから業務を変える……135

個人面談を会社の制度にする……137

第六章　ミッションをどう使っていくか

ミッションとは見上げるだけではない……140

終章　ずっと一人で頑張っている誰かに……148
ヤマチユナイテッドとは……152
ワークシート参考資料……154

ブックライター　舟見恭子

1.

いつも一人で
頑張っている
あなたへ

いつも一人で
頑張っている
あなたへ

一生懸命なのに
なぜか組織が
まとまらない

あなたの会社はうまくいっていますか？
順調に利益を上げていますか？
職場の人間関係は良好ですか？

あなたの組織やチームはうまく回っていますか？

この本を手に取ったあなたは、普段から真面目に一生懸命働いている人だと思います。お客さまや取引先のため、会社の業績アップのために毎日頑張っているはずです。そして、あなたがリーダーを務める組織やチームが円滑に業務を進め、確実に目標を達成できるよう力を尽くしていることでしょう。

だからこそ、こんなに頑張っているのになぜかうまくいかない状況に困惑し、答えを探し求めているのではありませんか？

あなたは、組織を束ねる立場として毎日努力している人です。「報・連・相」を徹底したり、社内コミュニケーションを活性化しようとしたり、ソリューションやツールを駆使して効率化を図ったり。もちろん、それらは業務プロセスの改善に重要な施策ですが、では、組織の「まとまり」という点ではどうでしょう。メンバーはあなたと同じぐらいの情熱を持ち、あなたの目指すゴールを一緒に見つめていますか？　あなたのもとで組織はひとつにまとまっていますか？

組織の長として「こうあるべき」という理想を持って運営を行っているはずなの

に、どうもメンバーのまとまりが悪い。どこかズレているような気がする。チーム一丸となって燃え上がる雰囲気がない。目標達成にコミットできていない。熱意が感じられない。向上心が足りない。みんなが何を考えているのかよくわからない。私は、そういう悩みを抱えているリーダーがたくさんいることを知っています。なぜなら、私自身がまさにそんなリーダーだったからです。自分は正しいことをしているつもりなのに、部下は不満そうにしているだけで、思った通りに動いてくれないし結果も出ない。そんな状態に毎日苛立っていました。なぜそうなるのか理由もわかっていませんでした。

もし、あなたが同じような状況にあるとしたら、その原因はあなたが「想い」を伝えていないからです。あなたの理想を、信念を、成し遂げたい目標を、誰にも語っていないからです。

序章／1.いつも一人で頑張っているあなたへ

いつも一人で
頑張っている
あなたへ

まとまらないのは想いを言葉にしないから

リーダーが自分の抱いている最終的なゴールを明確に示すことができれば、メンバー全員の意識がそちらに向きます。そのゴールが高いレベルにあればあるほど、メンバーの個人的な事情や相互の利害関係は、ゴールに到達するためにクリアすべきハードルのひとつに過ぎないことがわかってきます。逆に、高いところにある理想が見えていないと、身近なところにあるさまざまな問題がクローズアップされ、それを解消することにエネルギーが割かれてしまいます。

ジョンソンホームズもかつてはまとまりのない組織でした。設立当初から継承されてきた仕事のやり方や社員の考え方がバラバラに存在し、営業や設計など各部署の主張がつねに対立していました。部署だけでなく上司と部下、同僚の間でも意見がバラバラで、自分の立場を守るための派閥争いのようなことも起きていました。そんな中で経営責任者を任された私は、いくら頑張ってもまとまることのできない組織の中でから回りし続けていました。

そんな会社の雰囲気が変わったのは、私が自分の想いを他の社員に伝えるようになったからです。私がなぜ素直に想いを語れるようになったのかは後の章で詳しくお話ししますが、とにかく「まずは自分の想いを伝える」ことがすべてを変えるきっかけでした。

自分から話すことができるようになると、他の社員の想いにも耳を傾けるようになりました。人間の考えることは本当に多種多様です。異なる角度から物事を見ていたり、正反対の価値観を持った人もいました。でも、同じ会社で働き、住宅を販売する仕事に携わっていると、似たような場面で感動したり、共通する面白さを感じていることもわかってきました。住宅に関わる仕事は何が楽しいのか、その中で自分はどんなことを実現したいのかということが、捉え方や感情の深さに違いはあっても、共有できる部分がたくさんあったのです。

バラバラだと思っていたけど、じつは共感できるところがあった。

その共感できる部分をブラッシュアップして、より高いレベルの理想像として掲げよう。そんな動きが社内に生まれたとき、私は初めて一体感を感じることができました。目指しているところはみんな同じだったのです、本当は同じことを望んでいたのに、それを伝え合うことができなかっただけなのです。

みんなの理想とするものを高いレベルに置くことで、身近な利害関係は徐々に解消されました。部署間のぶつかり合いも意見の違いも、単なる役割の違いであることに気づいたのです。全く方向性の違うことをやっているわけではなく、理想を実現するための役割を分担しているだけのこと。バラバラだった組織がひとつの理想に向かってまとまり、しかも各部署が協力して目的を成し遂げる一体感が強まりました。

序章／1.いつも一人で頑張っているあなたへ

いつも一人で
頑張っている
あなたへ

想いをカタチに人はそれをミッションと呼ぶ

ジョンソンホームズでは、みんなの想いを集約したものをわかりやすい表現で文章化し、社員がいつでも読み返せるようなカタチに仕上げました。そこには、理想の会社や理想の社員、社会に果たすべき使命などが明確に書かれており、私たちはそれを「ミッション」と呼んでいます。

社員を結束させるために「経営理念」や「ミッション」を掲げている企業は少なくありません。しかし、理念やミッションが必要だから何か考えようというスタンスで始めると、言葉が一人歩きして中身の薄い表現になってしまいます。まずはリーダーが自分の想いを伝えること。「わかってほしい」「わかり合いたい」という気持ちから始めて、たくさんの言葉が交わされ、共感できることや感動することを集めて、結果としていくつかのフレーズに集約されたものを、「あえて言うならミッションかな」という感じで捉えるのがいいと思います。その方が社員一人ひとりの心にちゃんと届くものになります。

あなたの組織やチームも、みんなの想いを集めてミッション化することができれば、きっとまとまることができると思います。ミッションのもとでは、個々の意見の違いは決して対立するものにはなりません。社員の個性を押さえつけるものでもありません。一人ひとりが理想を実現するための何らかの役割を持ち、お互いの得手不得手を補い合いながら組織がスムーズに回っていく。そういう環境が自然と社内に醸成されるはずです。

2.

ミッションが
会社を、社員を変えた

ミッションが
会社を、社員を変えた

企業の存在意義を表すもの

最初は、バラバラだった組織をまとめようと思ってつくったミッションでしたが、出来上がったものを社外に公表してみたら、驚くべき効果をもたらしました。まず、お客さまが私たちの想いに共感し、支持してくれるようになったのです。「こういう家がほしかった」「こんな住宅メーカーに頼みたかった」というお客さまがジョンソンホームズを選び、売り上げが大幅にアップしました。
さらに、ホームページに掲載されたミッションを見て、「こんな会社で働きたい」と志望する人が急増しました。ミッションに感動してわざわざ転職してきた人もいます。ミッションに共感して入社した人たちは、先輩社員以上に熱い志を持ったパワフルな人材ばかりです。

社内の意識が変わり、社外からも認められるようになると、さらなる相乗効果が発揮されるようになりました。社員が自分たちのやりたいことをどんどん広げていった結果、新しい事業やサービスが生まれていったのです。単なる住宅会社にとどまらず、インテリアや飲食など多様な領域へビジネスが広がっていきました。そうした活動が人々に支持され、社員の喜びややりがいも一層強くなりました。

住宅業界でも、ちょっと変わったミッションを掲げる会社として評判になり、注目を集めるようになりました。競合他社との差別化もでき、ジョンソンホームズの知名度を高めました。自分たちのためにつくったものが会社の存在意義を表すものになっていく。当初は予想していなかったことですが、ミッションとは社会的使命を帯びたものでもあったのです。

ミッションが
会社を、社員を変えた

組織も
働き方も
変えていける

ミッションが社内に浸透してからは、業務のすべてが目に見えて変化していきました。上下関係を気にせず自由に発言できる空気が生まれ、社内のディスカッションが活発になりました。モチベーションが高く維持され、トップが指示しなくても自発的に動くようになります。すべての判断基準がミッションベースなので、意思決定も明確かつシンプルになりました。

何よりも従業員の表情が明るくなったことが最大の効果でした。働くことが楽しい、お客さまに喜んでいただくことが嬉しい、そんな気持ちを毎日感じることができているようです。

私たちを取り巻く労働環境は数多くの問題を抱え、長時間労働の是正やワークスタイルの多様化が叫ばれています。あなたの会社でも働き方改革への対応が求められていることでしょう。しかし、一方で景気の低迷が続き、業績の回復は難しいのが現状です。社員のプライベートを充実させつつ会社の利益増を目指すなんて本当にできるのでしょうか。どちらかを犠牲にしなければ達成できないのではないか。そんな風に考えている人も多いと思います。

そうした状況も、ミッションのもとでは矛盾したものにはならず、超えるべきハードルのひとつとして取り組むことが可能になります。ミッションはもっと上位の理想を目指しているからです。

この本は、私がジョンソンホームズのミッションをつくるに至った経緯をたどりながら、想いを伝えることの大切さや、高いレベルの理想を意識すること、理想を文章化することで社内にも社外にも大きな効果をもたらし企業の未来も変えていけることを綴ったものです。ジョンソンホームズが特別な会社だったからできたわけではありません。ミッションをつくっていく過程で自分の想いを語ったり、みんなの想いを聞いたり、どうすればいいか真剣に考えたり、自分たちの会社は何が大切なのだろうと振り返ったりすることが、じつは大きな意味を持っていて、会社も社員も大きく成長することができました。

だから、あなたの組織でもそういうことが起こり得るし、ぜひ起こしてほしいと思い、本を出すことにしました。「想いをカタチにする」。そこから始めることで、きっといろんなことが良い方向へ動いていくと思います。

第一章

私がミッションと出会うまで

1 窮地にたったジョンソンホームズ

「あと一年」からの再起

ジョンソンホームズは、ヤマチユナイテッドのグループ企業のひとつです。ヤマチユナイテッドは１９５８年に建材卸業からスタートし、以後、住宅・インテリア・イベント・飲食・ライフサポートなどさまざまな分野で連邦・多角化経営をしています。

ジョンソンホームズは、１９８７年に設立した輸入住宅会社で、現在は新築・中古・リフォームなどの住宅業のほか、インテリアショップや飲食店なども経営しています。従業員は約３００名、新築住宅で6ブランド、リフォームで4ブランドを展開し、お客さまの多様なライフスタイルに応えるブランド戦略を得意としています。

私がジョンソンホームズに入社したのは1995年、大学卒業と同時に営業社員として採用されました。その4年前にバブル経済が崩壊し、世の中は不況の嵐が吹き荒れていましたが、それでも住宅業界はまだ持ちこたえており、ジョンソンホームズも輸入建材とツーバイフォー工法によるアメリカンテイストの高級住宅を主に手がけていました。

しかし、90年代後半になると状況は一変し、豪勢なアメリカンハウスは次第に市場のニーズから外れていきました。入社からわずか2年後の97年、ジョンソンホームズは大規模な組織改革を行い、入社当初は50人以上いた社員も2000年には8名にまで減少。会社の存続さえ危うい状態に陥っていました。その年、ジョンソンホームズではアメリカンハウスに変わる新しいブランドとして、ヨーロッパスタイルの輸入住宅「インターデコハウス」を開発していました。ヤマチユナイテッドの総力を結集して開発した起死回生の切り札でしたが、発売当初は思うほど実績が伸びず暗中模索の日が続いていました。

ジョンソンホームズの山地章夫社長（現・ヤマチユナイテッド代表）から「統括マネージャーにならないか」と打診されたのは、ちょうどその頃です。不況の中で社会人となり、仕事の面白さや達成感をほとんど味わうことなく過ごしてきた私にとって、自分を飛躍させるチャンスかもしれないと思いました。ただし、社長からは「一年で実績を回復させることを目指してほしい」という条件が付けられていました。２００１年９月11日、ニューヨークで同時多発テロが起きたその日、私は、インターデコハウスというブランド一本で、一年という期限を背負いながらジョンソンホームズの舵取りを任されることになったのです。

業界の常識よりも自分の家族が喜ぶ家を

ベテラン社員の多くが会社を去り、残ったのは私をはじめほとんどが30代という中で、私たちは会社のこれからについて必死に考えていました。給料が上がらないのもボーナスがカットされるのも当たり前、景気が悪いのだからしょうがないと諦めの中で社会人を続けていましたが、それと同時に当時の住宅業界に対する疑問や不満も鬱積していました。長引く不況の中で、住宅メーカーは性能やデザインによる差別化に加え、激しい価格競争を繰り広げていました。モデルハウスを見学にくるお客さまが描いている夢や希望と、家を提供する側を取り巻く過酷な現実には大きなギャップがあり、その間で住宅会社の社員はストレスばかり溜め込んでいたのです。仕方がないことと思いながらも、そんな住宅業界の常識に私自身がウンザリしていました。ですが、逆に考えるとそれは何でも自由にできるチャンスでもありました。瀕死の状態の会社を託されたのは大変なことですが、「どうせダメになるのなら、せめて好きなようにやってみよう」と開き直ることができたのです。

当時、同僚に同じ年頃の子どもを持つ営業社員が3人いたのですが、それまでは週末ごとにオープンハウスや住宅展示場での集客イベントに駆り出され、幼稚園の運動会や参観日に出ることができませんでした。そこでまず、家族の行事には全部参加しようと決めました。さらに、知り合いの不動産業者に土地を融通してもらってモデルハウスを建てました。手書きのチラシを作ってポスティングしたり、住宅雑誌に載せる記事広告をわざと上下逆さまに掲載するなど、人の目を引くことなら何でも試しました。

住宅営業はどうあるべきかについてもみんなで考えました。住宅展示場を訪れるお客さまは、自分の家を持つという夢を抱き、家族が楽しく暮らす姿を思い描いているのに、いざ話をしてみると基礎工事や気密・断熱やナントカ工法のことばかり聞かされる。立派な家を建てることには熱心だけど、そこでどんな暮らしが営まれるのかまったく関心を持たない。お客さまが聞きたいのはそんな話じゃない。朝起きてから夜寝るまで、家族がどんな風に過ごすのか、子どもたちが大きくなったときどんな思い出を残してほしいのか。そのためにどんな家を建てるべきかを一緒に考えてほしい。自分がお客さまの立場だったら、住宅会社の社員に何を求めるのかを考えるようになりました。

自分たちの働き方を考え、お客さまの求めていることを追求する。そう決めたとたん、お客さまとの会話内容がガラリと変わりました。家の性能や技術について説明するのをやめ、お客さまの話を聞くことに時間をかけました。休日のレジャーや子どもの話で盛り上がり、毎日楽しく過ごせることの喜びを分かち合ったのです。そのおかげで受注棟数はグンと伸び、２００１年には年間24棟だったのが、２００４年には3倍に増え、会社を存続させることができました。

この頃の私たちの考え方が後の社風のベースになり、ミッションの根幹を形成する要素になっていきました。

2

人を幸せにする会社になる！

リーマンショックと武者修行の旅

その後、ジョンソンホームズはインターデコハウス以外にも複数のブランドを新規に立ち上げ、インテリアショップの「inZONE with ACTUS（インゾーネ ウィズ アクタス）」もオープンさせるなど、業務が年々拡大していました。年間の受注棟数が100棟を超えてくると仕事・人員・経費がすべてキャパオーバーとなり、私一人ではコントロールできなくなっていたのです。人材の育成も部下への権限委譲も中途半端なまま組織的な大混乱を招いていました。

そこへ、2008年9月のリーマンショックが襲いかかりました。アメリカ合衆国の投資銀行リーマン・ブラザーズ・ホールディングスの経営破綻をきっかけに世界規模の金融危機が発生。住宅業界も一気に冷え込み、この年ジョンソンホームズは初の赤字を出しました。吸収合併した会社の負債を抱え込んだせいもありますが、グループ内では自主自立、グループ間の資金的な融通は行わないという厳しいルールもありましたので、私は完全に追い詰められました。

この経験が、それまでの私の価値観や考え方を根底から覆すことになりました。すべてを白紙に戻し一からの出直しです。起こっている事象はすべて自分のせいだと考え、過去の自分を全否定し、今まで正しいと思っていたことを全部捨てました。以前は「腹の立つやつだ」「こいつの考えは気に入らない」と思っていた人の話こそ聞いてみるべきだと思い、いろいろな人の話を聞きに行きました。セミナーや講演に通い、本を読みまくり、多くの貴重な言葉と出会いました。

そして、衝撃の出会い

武者修行の中で、最も大きな影響を受けたのが船井総合研究所のセミナーです。当時、船井総研では「明日のグレートカンパニーを創る」というタグラインを打ち出し、企業がグレートカンパニー化することで業績アップにつながるという考え方を提唱。業績や社風、社会貢献度などの面でグレートカンパニーにふさわしいと認められた企業を表彰する「グレートカンパニーアワード」を開催しました。

アワードを主催している一般財団法人船井財団のサイトには、次のように書かれています。

〈グレートカンパニーとは〉

社会的価値の高い「理念」のもと、その「企業らしさ」を感じさせる独特のビジネスモデルを磨き上げ、その結果、持続的成長を続ける会社のことです。そして、社員も顧客も誇りを持つような独特のカルチャーが形成されている企業を、グレートカンパニーと定義します。

〈グレートカンパニーに必要な条件〉

（1）持続的成長企業であること
（2）熱狂的ファンを持つ、ロイヤルティの高い企業であること
（3）社員と、その家族が誇れる、社員満足の高い企業であること
（4）自社らしさを大切にしていると思われる、個性的な企業であること
（5）地域や社会からなくてはならないと思われている、社会的貢献企業であること

2010年、第1回グレートカンパニーアワードの授賞式が行われ、そこで初めてこの考え方に触れました。「社会的価値」「その企業らしさ」「ビジネスモデル」「社員も顧客も誇りを持つような」「カルチャー」といったフレーズがビシビシ刺さってきて、今までにないほど大きく心が揺さぶられました。それまで私が捉えていた企業像とはまったく違う姿を見せられ、しかも「これこそが企業のあるべき姿だ」と断言されたのです。自分の価値観を徹底的に崩されたことにショックを受け

る一方、強い憧れも感じました。こういう会社になりたい！　ここに書かれていることを全部実現したい！　そんな想いに突き動かされました。

また、その時に大賞を受賞した日本理化学工業・大山泰弘会長のスピーチで次のような言葉に出会いました。

「人間の究極の幸せは、人に愛されること、
人に褒められること、
人の役に立つこと、
人から必要とされることの４つです。
愛以外の３つは、働くことによって得ることができます」

この言葉にも率直に驚きました。それまでの私にとって「働くこと」と「幸せ」とはまったく別次元のものだったからです。それが、自分たちが働く会社で人を幸せにすることができるなんて、大きな衝撃を受けました。自分たちもお客さまも幸せにできる会社、社員もお客さまも誇りに思えるような会社がつくれるとしたら、

これほど素晴らしいことはありません。ようやく、ジョンソンホームズをどんな会社にしたいのか見えてきたような気がしました。利益をあげることは大事だけれど、それだけで幸せになれるわけではない。利益を追求するだけの会社は社員にもお客さまにも受け入れられない。それ以外にも企業として成し遂げなければならないことがある。それは、私たちの会社を選んでくださったお客さまに喜んでもらうことだったり、あるいは社員がやりがいを持って楽しく働けることだったりするのではないか。仕事も人生も楽しく充実させることは決して悪いことではない。そんな想いが湧き上がってきました。

私たちはそういう会社になりたい。そういう働き方をしたい。そして、ジョンソンホームズもグレートカンパニーアワードを取りたいと強く願いました。

想いを言葉に、言葉をカタチに

社会的価値の高い理念を持ち、お客さまも社員も誇りを持てるような会社になりたいと思い、「グレートカンパニーアワードを取る」と決めたからには、前述の定義にあるような企業を目指さなくてはなりません。熱い想いに駆られながら会社に戻った私は、まず自分の想いを社員に話しました。ジョンソンホームズの目指す企業像や理想の働き方、お客さまに届けたいものなど、心の奥から湧き出るものをどんどん言葉にしていきました。

それと同時に社員の思っていることもたくさん聞きました。どんなことが不満だったのか、本当はどうしたかったのか、どんな会社になったら毎日楽しく働けるのか。今まで心の中にしまっていたさまざまな想いが言葉になって飛び交いました。うまく説明できなかったり、自分でもよくわからないモヤモヤした気持ちもそのままに、どんなことでも否定せず聞く姿勢を大切にしました。それまでの私は、自分にとって正しいことは誰にとっても正しいことだと思っていました。でも、話を聞くうちに、その人にはその人なりの正しさがあり、その正しさに則って判断・行動しているのだということに気づきました。相手が正しいと思うことを否定して自分の正しさを押し付けてもうまくいくはずがありません。私はずっと「なんでわかってもらえないんだろう」と思っていて、社員はずっと「どうせわかってもらえない」「こんなことを言っても理解されない」と思っていたのです。

想いを言葉にすることができるようになると、その中でもみんなが特に大切に思っていることが絞り込まれ、より明確な概念として共有されていきました。それとともに、仕事のやり方や社員の働き方を大胆に変えていきました。ありきたりなビジネス論に従うのではなく、自分たちが考える楽しさや面白さを素直に愚直に実践していく。日々の仕事の中で何に充実感を得て、どんなことに素晴らしさを感じるのか、その場面を思い描き、実現するための方法を編み出していく。お客さまへのアプローチの仕方から社内のコミュニケーションまで、考え方や手法をどんどん改めていきました。

自分たちの考えていること、求めているもの、実現したい理想を追求していくと、いくつかの重要なフレーズが浮かび上がってきました。言葉で表現したことが、社内の共通認識として浸透していったのです。私はそれを「ミッション」というカタチにまとめることにしました。社員全員が同じ言葉を持ち、いつでも確認できるような道しるべが必要だと思ったのです。ミッションを完成させるには多大な労力と時間が必要でしたが、ミッションをつくる中で気づいたことや、より明確に意識できたことも多く、数カ月かけてようやく出来上がったミッションにはジョンソンホームズの熱い理念と理想が凝縮されています。

そして2015年、ジョンソンホームズはグレートカンパニーアワードの大賞を受賞しました。企業の存在価値を最大に高め、社員が充実して働ける環境を培い、お客さまに喜びと幸せを提供する、そんなグレートなカンパニーになろうとした努力が認められたのです。私も社員も心から喜び、誇らしい気持ちになりました。

思い返してみると、私は最初からミッションをつくろうと思っていたわけではありませんでした。ガタガタになった組織を立て直そうともがいているときに「グレートカンパニー」の理念に出会い、その素晴らしさに心を動かされ、そういう会社になりたいと願った。そのために、私自身も社員も取引先やお客さまも含めたビジネス全体を根本から築き直し、社会にとって最も価値のある仕事を成し遂げられる会社に変わろうと決めました。約5年にわたる変革の過程でジョンソンホームズの「らしさ」が醸成され、「独自のビジネスモデル」や「カルチャー」がお客さまに親しまれるようになりました。

そんな理想の姿を明確に表すものとして、つねにミッションが側にありました。社員が働く意義を見出し、お客さまが共感し、企業の理念や姿勢を形づくるものとして結実したもの。それがジョンソンホームズの「ミッション」だったのです。

第二章

ミッションは何で
できているのか

1 ジョンソンホームズのミッションとバリュー

想いを明文化したミッションとバリュー

ミッションとはなんでしょうか。世の中にあふれているさまざまなビジネス書には「ミッションが大事」と書いてあり、ミッションの説明として「使命」「意義」「価値」といった言葉が出てきますが、どれも漠然としてなんだかしっくりきません。では、ジョンソンホームズのミッションはどのようなものがいいのか。私は、社員が働く意義を見出し、お客さまが共感してくれるものがいいと思いました。ありきたりの言葉ではない、ジョンソンらしさが詰まったオリジナリティのあるミッション。私も社員も愛着を持って熱く語れるものでなければならないと考えました。

そして、数々の試行錯誤の末に生まれたのがこのミッションです。

・ジョンソンホームズのミッション

いつまでも続く、
自分らしい幸せな暮らしを提供します

社員が大切にしている価値観を表した「バリュー」もつくりました。
バリューとは、社員が日々仕事をする中で大切にしていること。
社員の価値観を表したものです。

・ジョンソンホームズのバリュー

1 幸せな暮らしを増やすこと

2　自分らしく生きること
3　あなた想いであること
4　人とのつながりを大切にすること
5　常識にとらわれない自由な発想
6　やりがいを持って楽しく働くこと
7　社員みんなで会社を育てること

ミッションをつくろうと決断してからこれらの言葉にたどり着くまでに数カ月かかりました。その間、社員の話を聞き、自分一人で考え、考えたことを再度社員に投げかけ、また一人で考えをまとめるという作業を何度も繰り返しました。

無数のキーワードを吐き出し、取捨選択やブラッシュアップを重ね、練りに練った言葉たちです。どこかのきれいな言い回しを借りてきてそれらしく並べたものでで

❶ 幸せな暮らしを増やすこと

私たちは単に住まいというモノを提供するのではなく、すべての人が暮らしの中に楽しみや幸せを見つけて、自分らしく生きるコトを提案します。私たちは「生き生きとした」笑顔があふれる家族を増やしていきます。

❷ 自分らしく生きること

人と違う人生を歩む必要はありませんが、後悔しない自分らしい生き方のお手伝いをしたいと考えています。それぞれの価値観に合わせて「その人らしさ」を提案していくと、幸せな思い出は増えてくるはず。私たちは家族の思い出がたっぷり詰まった暮らしをつくっていきます。

❸ あなた想いであること

私たちは、お客様の「自分らしさ」を表現するために存在しています。だからこそ、お話をたくさんしてどんな些細なことでも聞きまくります。関わりのある全ての人に対して、「あなた想い」でありたい。私たちは、かゆいところに手が届くような存在でありたいと思います。

❹ 人とのつながりを大切にすること

私たちは常に「人のことを想うチカラ」を磨くように心がけています。自分に関わる全ての人がHappyになるためには、一生懸命その人のことを考えることが大切です。友人のように、ずっとつきあっていきたいから、親身になって、その人の幸せを考えます。

❺ 常識にとらわれない自由な発想

自己満足の事業ではなく、誰かが喜ぶ・役に立つ事業を取り組んでいきたいと考えています。そして私たちにしかできない、特別なことを常に企画し、先入観や固定概念にとらわれずに「喜んでほしい」という想いを追求していきます。

❻ やりがいを持って楽しく働くこと

やりがいを持って、楽しく仕事をしなければ、人を幸せにすることなんてできません。ジョンソンホームズには、スタッフの個性が輝く活躍のステージがあります。また社内で意識的にほめ合うことで、持っている力を最大限に発揮。まず、私たちスタッフが幸せになることを一番に考えています。

❼ 社員みんなで会社を育てること

社内に委員会を設け、社員ひとりひとりが「どうやって楽しい会社にしよう」かを考え、企画を立てて実施しています。
当たり前のことですが、会社は「社員が育てるもの」。私たちは、全員参加型の会社経営を目指しています。

お客様の幸せと
社員の幸せを目指して

企業とは、お客様を幸せにするために存在します。それにより売上へつながり、社員にも還元されます。逆に、社員が幸せでなければ、お客様を幸せにすることはできません。会社が社員を幸せにし、社員がお客様を幸せに。そのパワーが大きくなって、多くの人の幸せにつながると考えます。お客様の幸せ、社員の幸せ、すべての人の幸せを実現する企業を目指しています。

JOHNSON HOMES

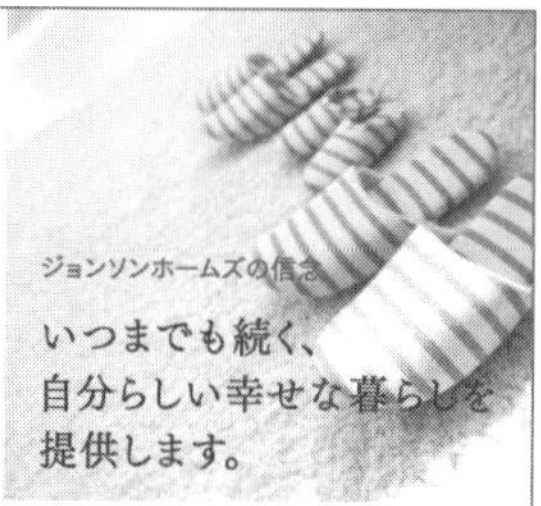
ジョンソンホームズの信念
いつまでも続く、
自分らしい幸せな暮らしを
提供します。

ジョンソンホームズが大切にすること

1.幸せな暮らしを増やすこと
2.自分らしく生きること
3.あなた想いであること
4.人とのつながりを大切にすること
5.常識にとらわれない自由な発想
6.やりがいを持って楽しく働くこと
7.社員みんなで会社を育てること

ジョンソンホームズのミッションカード

はありません。文章にしてみるとなんてことはない言葉たちです。

当たり前のことを言ってるだけのように見えると思います。「大したことないな」と感じる人もいるかもしれません。でも、それでいいのです。他の人にはわからなくても私たちにはビンビン響く言葉なのです。私は、「いつまでも続く」「自分らしい」「幸せ」「暮らし」「提供」の一つひとつについて熱く語ることができます。なぜこの言葉にたどり着いたのかという理由やプロセスも全部説明することができます。

ミッションだからといって攻撃力の高いパワーワードを並べる必要はありません。言葉よりも重要なのは「想い」です。想いから発せられた言葉かどうか、想いが詰まったミッションかどうかが何よりも大事です。

第二章／ミッションは何でできているのか

2 ミッションを構成する要素

ジョンソンホームズのミッションは何でできているのか

お気づきかもしれませんが、ジョンソンホームズのミッションには「家」や「住宅」という言葉が使われていません。その代わり「暮らし」という言葉は入っていません。私がミッションを考え始めたときから「家」や「住宅」を使うつもりはありませんでした。むしろ、従来の住宅メーカーのイメージから離れたものにしたかったのです。

ジョンソンホームズが窮地に陥り社内の雰囲気が最悪だった頃、みんなで「仕事の中で何が楽しいか？」という話をしたことがあります。すると誰かが「幸せな暮らしについてお客さまと話しているとき」と言いました。住宅営業としては家の性能やデザインなどをアピールするのが仕事ですが、そこでは全然テンションが上がらない。楽しいと感じるのは、その家族がどのように暮らしていくのか、どんな毎日を過ごし、どんな思い出を積み重ねていきたいのかという話で盛り上がっているときでした。

子どものいる社員は、「パパはこんな仕事をしているんだよと説明するときも『いい家を作っている』だけではつまらない。『お客さまを幸せにしている』と言いたい」と答えました。なかなか業績が上がらず苦しい毎日の中で、それでも自分を支えてくれていたのはお客さまや家族の笑顔であり、その人たちを幸せにできる喜びだったのです。

当時はまだミッションと呼べるほど明確なものではありませんでしたが、私や社員がこの仕事に携わっていく上での方向性がはっきり見えたような気がしました。「家じゃなくて暮らし」と思っているなら、そこに集中しよう、ジョンソンホームズの軸足はここに置こうと決めたのです。それがやがてミッションを構成する中心的な考えとして定着していきました。

自分たちは「何屋」なのか

ミッションを考える過程で、自分たちは何がしたいのかをとことん掘り下げていったとき、社員から出てきたのは、その家に住んでいるお客さまの暮らしが幸せになることでした。美しい街並みをつくりたいわけでも、おしゃれでかっこいい家を建てることでも、豪華で高価な住宅を販売する会社で働きたいわけでもなかった。家という器よりも、その中で営まれる生活そのものに興味があったのです。今でこそお客さまのライフスタイルに合わせたプランを提案する住宅会社は増えていますが、10年ほど前までは、建物より暮らしを重視する会社はほとんどありませんでした。ましてや、家の定期点検はするけど、家族が幸せに暮らしているかどうかを定期点検するような住宅会社などなかったのです。

では、私たちが単なる住宅屋でないとしたら、いったい何屋なのか？　そこをじっくり考えたどり着いたのが「幸せな暮らし屋さん」でした。家を売るのではない、幸せな暮らしを提供する。それもお客さまがその家に住み続けている限り永久に。ミッションに掲げられている「いつまでも続く」「暮らし」「幸せ」「提供」という言葉の背景には、そんな想いがあります。

ジョンソンホームズの住宅ブランドにはナチュリエ、アメカジ工務店などがありますが、それぞれのスタッフに自分たちは何屋なのかを考えてもらったところ、「自分のスタイル見つけ屋さん」「イケてる人生のベース基地屋さん」といった表現が出てきました。家そのものよりも、その中で営まれる暮らしや家族の幸せにフォーカスしていることが明確に表れています。

「幸せな暮らし屋さん」になるために必要なこと

ジョンソンホームズが何屋なのかが見えてくると、「幸せな暮らし」を実現するために必要なのは家を建てることだけではないことにも気づきました。家族が暮らしていく中にはいろいろな出来事が起こります。たとえば、子どもが大きくなって家族の生活サイクルが変わった、お父さんやお母さんが新しい趣味を見つけた、あるいはいつの間にか家具やインテリアが増えて部屋が雑然としてきたなんていう状況もあるでしょう。年月が経つにつれて新築の頃とは違う暮らし方になっていくのは当然のことだし、暮らしが変われば家に求められる機能や役割も変わり、新たなケアやサービスも必要になってくるはずです。

ジョンソンホームズでは、お客さまがいつまでも幸せに暮らし続けるために必要なサービスは何でも提供しようと決めました。住宅メーカーのアフターサービスは、不具合の調整や修理・修繕、改築などが主ですが、私たちは家のことだけにはこだわりません。暮らしに関わることなら何でもやろうと決めました。そのために、ジョンソンホームズでは住宅に関することもそれ以外のことでも多種多様な業務やサービスを提供しています。

〈幸せな暮らし屋さんになるために生まれた独自のサービス〉

・ジョンソンレディ

お引き渡ししたオーナー様宅を３ヶ月に一度訪問するための専任

スタッフです。家のことだけではなく、家事や子育てに関する相談事にも応じています。現在5名の女性が専任スタッフとして活躍しています。スタッフの中にはジョンソンホームズ以外の会社で家を建てた人もいて、ユーザー目線での意見を出してくれる貴重な存在です。

・CPC（カスタマーパートナーズセンター）

アフターメンテナンスを担当する部署です。単なる修理・メンテナンスではないパートナーとしてのアフターフォローを展開しています。スピーディーな対応とお客さまの立場に寄り添った提案が売りです。プランニングに関わることもあり、「この建材を使うと後々メンテナンスが大変になるから使わないほうがいい」といったアドバイスまでします。社内で一番輝いている部署かもしれません。

・ライフスタイル倶楽部

「暮らし」という部分を追求すると、日々の生活を豊かにすることも必要になってきます。新しい料理を覚えたり、子どもと一緒にDI

Yをするなど、いつもの生活をちょっと楽しい方向に持っていける
ような機会をつくりたい。そんな想いから誕生したのがライフスタ
イル倶楽部です。

このように、ミッションはジョンソンホームズの業務そのものを変えていきました。住宅メーカーにとどまらない多様なサービスが生まれ、インテリアショップや飲食店など住宅以外の分野へも進出しました。

「暮らし」というキーワードがビジネスを広げていく。ミッションをつくった当初はここまで想像していませんでしたが、「家」や「住宅」という言葉をミッションに含めなかったことは正しかったと実感しています。

3
バリューを構成する要素

自分たちが働きやすい環境とは何か

ミッションはお客さまのことを考え、お客さまに何を提供すべきかを追求したものですが、バリューは社員にとって大切なことをまとめたものです。自分たちは何のために働くのか、どんな職場で過ごしたいのか、自分たちが取り組む仕事にはどんな価値があり、それは誰のためにやるのか……。これについても、数ヶ月の期間をかけて徹底的に考え抜きました。

〈ジョンソンホームズのバリュー〉

①幸せな暮らしを増やすこと
②自分らしく生きること
③あなた想いであること
④人とのつながりを大切にすること
⑤常識にとらわれない自由な発想
⑥やりがいを持って楽しく働くこと
⑦社員みんなで会社を育てること

7つのバリューには、それぞれ120文字程度の解説を付けました。

本当は短いフレーズで端的に表現したかったのですが、ワンフレーズだと想いが伝わり切らないと感じたからです。なぜ、このようなバリューを掲げたのか、そこにはどんな想いが込められているのかを補足することで、より深く感じてもらうことを期待しています。

また、補足説明として、ミッションとバリューとの関係性やそれらを通じて、何を実現したいかを表した文章も添えました。お客さまを幸せにすることで企業が業績をあげ、その利益を社員に還元する。それにより社員も幸せになり、さらにお客さまを幸せにするための仕事にエネルギーを注ぐことができる。その循環を維持し、強化していくことで企業も社員もお客さまも幸せになれると考えています。

理想の社風は自分たちでつくる

みなさんの会社が理想とする社風はどのようなものでしょうか。「風通しが良い」「意見が言いやすい」「昇進のチャンスがある」といったことを考える人が多いと思います。逆に嫌な社風としては『年功序列にこだわる」「コミュニケーションが悪い」「上司が高圧的」などが挙がるのではないでしょうか。ところで、そもそも社風とは誰がつくるものなのでしょう。経営者や幹部が「我が社の社風はこうだ！」と決めるのでしょうか。それとも過去の積み重ねの結果としていつの間にか出来上がってきたものでしょうか。

ジョンソンホームズでは、ミッションとバリューを策定するプロセスの中で、理想とする社風を自分たちでつくろうと考えました。

理想の社風は理想の社員から生まれます。ジョンソンホームズにとっての理想の社員とは、もちろん「いつまでも続く、自分らしい、幸せな、暮らしを提供します」というミッションを実現してくれる社員です。7つのバリューを実践し、お客さまも会社も自分の人生も楽しくできるような社員です。

理想的な社員を採用・育成するにはどうすればいいか。それは何よりも社員たちの本音を聞くことです。どんな会社でも、ほとんどの社員は「楽して給料をもらうことが人生の目標」などとは思っていません。自分が毎日充実する仕事の中でやりがいを感じたり、お客さまや同僚に感謝されたり、自分が頑張ったことへの評価を必要としているのです。「給料がもらえればそれでいい」と言う人は、それが得られないから仕事への意欲を失い、作業をこなすだけの毎日に耐えているのです。

私がバリューを考えていたときは、とにかく社員の気持ちを聞き出そうとしました。上司は部下に何を求めているのか、部下は上司に何を求めているのか。会社が社員に求めることだけを押し付けても社風は良くなりません。管理職以上の人たちは、「理想の社風」とは何かを真剣に考えるべきだと思います。社員が毎日笑顔でやりがいを持って働いているか、もしそうでなければ、あなたの会社の社風はどうなのか再確認してみてはいかがでしょう。

第二章

ミッションで変わった、なにもかも

1 ミッションで変わった、なにもかも

人も職場も業績もガラリと変わった

じつは私自身も驚いているのですが、ミッションとバリューをつくったことで社内に劇的な変化がおきました。

〈1〉営業利益が10倍以上に伸びた

ミッションとバリューを策定してから驚くほど業績が伸びました。社員自らが事業計画を立て、達成するために必要な施策を考え、できることは何でもとことんやり尽くす、そんな企業風土が出来上がりました。会議やミーティングの発言量も大幅に増え、自由な発想

から生まれたアイディアや企画が次々と実現していきます。自分たちで考え、決断・行動する姿勢が、ジョンソンホームズのビジネスを拡大し、会社を成長させているのです。

〈2〉熱い想いを共有できる人を多数採用できた

ジョンソンホームズのサイトにミッションを掲載してから、新卒も中途も大幅に応募数が増えました。大手企業で高額の年収を得ていた人が、給料が下がってもいいからここで働きたいと応募してきた例もあります。新卒では北海道就職希望企業ランキング11位になったこともありました（ヤマチユナイテッドとして）。ミッションに惚れ込んで入社してきた人たちは驚くほどに優秀で、熱すぎるほどの情熱を持って仕事に打ち込んでいます。離職率も住宅業界で考えられないほど低くなりました。

逆に言うと、このミッションとバリューは「自由な発想をしたくない人は来なくていい」と宣言しているようなものです。指示されたことをそのままやるような働き方を好む人には不向きかもしれません。

〈3〉仕事を楽しもうという社風と、仲間感や一体感のある雰囲気になった

「自分らしく生きること」や「やりがいを持って楽しく働くこと」をバリューに入れたことで、社員の働き方が大きく変わりました。自分らしく生きなければならない、やりがいを持って楽しく働かなければならないと社員自らが思うことで、やりがいというものを常に意識するようになりました。「最近やりがいを見失っているので面談してください」と言ってくるようになり、個人面談をして考えを整理したりモチベーションを蘇らせるワークなどをしています。

また、「社員みんなで会社を育てる」というバリューで私の役割分担もだいぶ軽くなりました。「みんなで考えよう」「みんなで会社を良くしていこう」という空気が生まれたことで、上司や部下、先

輩・後輩という序列を超えた仲間意識が浸透し、全員参加の社風が醸成されました。それにより私自身の心の負担が減ったことは大きな効果のひとつです。

〈4〉ミッションから意思決定するのでブレがなくなった

ミッションベースで考えると判断基準にブレがなくなります。例えばクレーム対応。会社に大きな損失をもたらすようなケースでも、ミッションに照らし合わせると「対応するのは当然」という判断になります。幹部会議などでも、社員の方から「それはミッションから外れてるんじゃないですか？」と指摘してくれるので決断が早くなりました。人間には感情というものがあります。どんなに優秀なリーダーでも、感情に揺さぶられるときがあり、それによって判断基準にブレが出ます。上司の機嫌次第で意思決定が左右されるような会社は、社員からもお客さまからも信頼されません。ミッションに絡めて意思決定できるようになったことで、社員は上司の顔色を気にすることなく業務に打ち込めるようになりました。

〈5〉自分の心が穏やかになった

私はどんな人生を送りたいのか、会社や仕事を通じて何を実現したいのか、自分や社員が働く職場はどんな環境にしたいのか……、そんな想いをすべて詰め込んだミッションとバリューは、言わば私の分身のようなものです。それを社員と共有でき、社員もまたミッションの中に自分を投影できるようになったことで、私の心はとても落ち着きました。自分のことをみんながわかってくれていると安心できるからです。たまにはイライラしたり、焦ったりすることもありますが、そんな時は天井を見上げて「ちょっと待て。オレは今ミッションに沿って考えられているか?」と自問することができ、いつもの自分にすぐ戻ることができます。カッとなって安易に決断したり、その結果を悔やんだりすることはなくなりました。

社員に対しても、ミッションを理解して日々実践してくれることに感謝と敬意を感じます。ミッションを共有できていることで、信頼して任せられます。当社グループが取り組んでいる社員全員参加の連邦・多角化経営を成功させるには、ミッションやバリューを構築し、それを全員で共有することが不可欠だと、今は思っています。

ミッションが浸透すると後は自動的に動いていく

ミッションが浸透すると、トップが何も言わなくても社員が自発的に動き始めるようになります。ミッションを理解し、それを自分の仕事に当てはめて考える習慣ができ、誰にも指示されなくても「ここが違う」「もっとこうしたほうがいい」と考えて動き始めるのです。

ミッションから生まれた自発的な活動が委員会制度です。社員有志で立ち上げ、さまざまなテーマで活動しています。現場で働く社員が企画することで、お客さまに近い視点から実践的な活動ができています。例えば、住んでからの幸せづくりを考える「お客さま満足委員会」、楽しいイベントを企画する「ライフイベント委員会」のほか、人材育成や職場環境を考える委員会もあります。ミッションから自分たちのサービスや働き方を見ていくと、ミッションからずれていたり足りなかったりする部分に気づきます。それを自分たちで発見し、話し合い、行動する。そのサイクルを委員会の中で繰り返していくことができます。

委員会活動については細かいことに口を挟まず、自由にアイディアを出し合えるようにしています。ある社員が家の引き渡し日を「家の誕生日」と捉え、毎年バースデーカードを送ったらどうかという提案をしました。私にはそのような発想はなく、自分でやろうとするといろいろ面倒だなと思ってしまうのですが、社員が自ら発案・実行してくれるのはありがたいことですし、何よりお客さまに喜んでいただけるのは素晴らしいことです。

嘘がない会社は
お客さまからも社員からも信頼される

世の中には本当にたくさんのミッションが提唱されています。ミッションや理念を掲げていない企業はないと言っていいほどでしょう。しかし、掲げている理想像と実際の企業活動が一致している会社はどのくらいあるでしょうか。

美しい言葉でカッコイイことを言っていても、実は自社の利益を最優先しているだけという企業は少なくありません。消費者はそうした建前と本音を敏感に察知します。働いていない社員もすぐに見抜きます。「表向きは立派なこと言ってるけど、大したことないよね」と思われている会社は、お客さまからも社員からも信頼されません。

ミッションと行動をちゃんと一致させると、社員の視線が変わります。「ウチの会社は本気だ」「言ってることに嘘がない」と評価してくれるのです。ミッションに即した意思決定をしているかどうか、社員は私の判断に常に注目しています。社員を大切にしないような決定を下したら誰もついてきません。

オーナー社長が全権を握るトップダウン経営をしたいのであれば、社長のやりたいようにやればいいのかもしれません。

しかし、ヤマチユナイテッドの連邦・多角化経営のもと、ジョンソンホームズの各事業、各ブランドが自立的・主体的に活動することを目指しているからこそ、すべての意思決定がミッションを通して行われる必要があるのです。

第三章／ミッションで変わった、なにもかも

第四章

ミッションの
つくり方

1 ミッションづくりのコツ

自分たちらしさが詰まったミッションを目指そう

世の中のほとんどの企業はミッション的な言葉を持っています。社是、社訓、経営理念、モットー、クレド、ウェイなどさまざまな呼び方があり、社長のスピーチの冒頭に必ず盛り込まれていたり、朝礼で全社員が唱和したりしています。会社のあるべき姿を表す言葉として重要であり大切にされるべきものではありますが、社員がその意味や意義を本当に理解し、日々の業務の中で実践されている企業はどのくらいあるでしょうか。

例えば「我が社のミッションは『お客さまを大切にすること』です」と言われて、どんなお客さまを想定し、何をどう大切にするか具体的にイメージできていますか？　あるいは「明るい未来を切り拓く」と聞いて、どんな未来なのか、誰が何をどうすれば実現できるのかを詳しく説明することができますか？

世間にはいろいろな会社のいろいろなミッションがあふれていますが、そのほとんどはどこかで聞いたようなありきたりな表現です。社員はなんとなく覚えている程度だし、つくった本人でさえ自社のミッションについて熱く語ることができないケースも珍しくありません。私は、そんなお飾りのミッションならむしろない方がいいと思っています。ミッションとは社員が働く意義を見出し、お客さまが共感してくれるものでなければならない。自分たちの想いや理想がギュッと詰まった愛着の持てるものであるべきです。

ミッションをつくることで構築される状態とは、社員が働く意義を見出して、お客さまが共感してくれる状態です。自社の特徴や魅力が余すことなく表現され、他社との差別化が明確で、経営陣や社員はもちろんお客さまにも愛着を持っていただけるような、自社らしさが詰まったミッションを目指してほしいと思います。社員がミッションに共感して働きがいや目標を見つけ、自分たちは何のために働いているのか自覚できていると、社員と接するお客さまもそれを感じ、支持してくれるはずです。

話し合いの時間をたっぷりとる

ミッションを考えるときは、メンバー全員が気のすむまで徹底的に話し合うことが重要です。なので、ミーティングの回数や時間は十分にとってください。通常業務が忙しいので短時間で済まそうとすると、思考も議論も深まりません。おざなりな会議を繰り返しているとだんだん熱が冷めてきて、ミーティングの出席率も下がってしまいます。最後に残った誰かがこれまでのネタを寄せ集めてそれらしいミッションを仕上げたとしても、そんなものは誰にも共感されず、意味のないものになっていくでしょう。長時間のミーティングが無理なら回数を増やす、参加できなかった人には議事録のメモを渡すなど、メンバーが情報や進捗状況を共有できるよう工夫し、ちょっと無理をしてでも全員が顔を揃える時間をつくる努力をしてみてください。

なぜ顔を合わせて話し合うことが重要かというと、話す量が多いほどその人の主体性が高まるからです。「社員の主体性は話す量と同等である」という説があります。たくさん話せば話すほど主体性が高まり、逆に発言せず人の話を聞いているだけの人は受動的といえます。

決議の結果に対しても「ここまで意見が言えた。ちゃんと聞いてもらえた」という実感があれば、ほとんどの人は納得してくれます。決める内容よりも話せるだけ話して納得することが大事。ですから、会議の時もトップがしゃべるよりも社員が話す時間をたくさん持った方がいいという考え方になります。あなたの会社の会議や打ち合わせを思い出してみてください。主にしゃべっているのは誰ですか？ 部下ですか？ 上司ばかりが一方的に話し、部下や新人の発言が極端に少なかったら、あなたの会社の社員は主体性の低い指示待ち人間が多いということになります。

とはいえ、「何でもいいから話して」と振ってもなかなか意見は出ません。そんな時はペアを組んで話す時間をつくるようにします。進行役は一切口を挟まず、思っていることを自由に話してもらいます。そうすると、みんな一斉に話し出し、いろいろなアイディアや感想が出てくる。話したことを発表してもらうと、結構深い部分に踏み込んだ意見が出てくるものです。驚くほど斬新で大胆なことをいう人もいます。すべての考え、切り口、発想、想いを聞き、自分の中にインストールして、みんなの想いをわかった上で決めるのと、何も聞かないでリーダーが自分の意思だけで決めるのとでは、決定事項に対するメンバーの理解と意欲がまったく違ってきます。反対する社員がいたとしても「辛い決断だが、こちらを選ぶしかない」と言うと納得してくれる。みんなで決めたのだからみんなで頑張って実現しよう！という雰囲気で会議を終えることができます。

ワークシートを活用する

自分たちの会社のミッションをつくるなんて、そんな簡単にできるものではないと感じるかもしれません。大変すぎてどこから手をつけていいのかわからないという人もいるでしょう。そういう時はスタートからゴールまでをいくつかのプロセスに分け、それぞれに必要な情報を集めるためのワークショップを開催します。

ワークをやるのは一人でも、二人以上でもかまいません。一人でやる場合は紙に書き出していくのがいいでしょう。合っているかどうかなど気にせず、思いついたものをどんどん出していく。使えないものは後から排除すればいいのです。二人以上でやる場合は、まずは各人が一人でワークに取り組み、それを全員で共有しながら検討するという方法が効果的です。同じような言葉を選ぶこともあれば、自分とはまったく違う言葉が出てくることもあり、「そんな風に考えていたのか」という発見がたくさんあるはずです。最後にキーワードをまとめる段階ではある程度の取捨選択が必要になりますが、最初のうちはどんな言葉も否定せずに受け入れていくことが大切です。

私がミッションをつくったときは、思いついた言葉を書き留めておくためのワークシートを活用しました。ビジネス書やセミナーなどを参考に自分でつくったシートですが、キーワードや思いついたことをどんどん書き込むことで発想を広げたり、考えをまとめたりできます。テーマごとに何種類も用意し、メンバー全員で同じワークシートを利用します。フォーマットを統一することで、テーマやキーワード、フレーズなどに対する受け取り方・感じ方の違いがはっきり可視化され、言葉のイメージをすり合わせるのにとても便利です。

人数が多すぎると収拾がつかなくなるので、そういう場合は部門ごとに分かれてワークを行い、部門の代表者が全体のワークに参加するというやり方もいいでしょう。全体ワークで出た結果を各部門に戻してさらに議論を重ねていくと、他の部署の考え方を知る機会にもなります。
この章の中でワークシートの見本をいくつか掲載しておきますので、興味があったら使ってみてください。全部やり切らなくても、できそうなところだけを試すだけでもいいです。

また、ワークは1回やればそれでいいというものではなく、時間をおいて何度もやってみるのがいいと思います。例えば、同じワークを3回連続してやってみて、2ヶ月後くらいにまたやってみるという具合です。やるたびに同じ言葉が出てくれば、それは本当に心の底から発せられたものであると確認することができます。やるたびに言葉が違ってくれば、それは考え方が深まっていないのかもしれません。最初は掘り下げ方が浅くても、繰り返すうちにより深いところまで思考することができるようになり、その想いに近い言葉が出てくるようになります。

経営者と社員とではまるで違う言葉が出てくるのも珍しくはありません。立場によって視点や目指すゴールが異なるからです。社長も社員も一緒にみんなでやってみると、それぞれの見方や考え方の違いがはっきり見えて面白いものです。

2 〈理論編〉ミッションを考える際のポイント

ミッションづくりにはキーワードが必要

熱い想いの詰まったミッションにたどり着くためには、まず「無数」のキーワードを書き出すことから始めます。私の場合は、ジョンソンホームズという会社の特徴や魅力を表す言葉、お客さまが求めていること、それに対する社員の想い、自分たちの存在意義や価値観、社会に対する責任、理想の社員や社風、企業の将来像など、さまざまな切り口からキーワードを考え、列記していきました。広告のキャッチコピーのようなかっこいい言葉がいきなり出てくるわけではないので、なんでもいいからとにかくたくさん出すことを心がけました。

特に意識したのは、ひとつの言葉を深く掘り下げていくことです。「質の良い商品をつくる」と言うだけでなく、「なぜ質の良い商品でなければダメなのか」「それを買ってくれたお客さまはどんな人か」「お客さまが買ってくれると結果的に事業や会社はどうなるのか」というようにどんどん掘り下げていきます。それは、自分の仕事や会社の事業に意味を持たせることです。なぜやるのか分からないまま作業を続けるのは虚しいものです。社員もお客さまも楽しい気分になれず、おそらく売り上げも伸びないでしょう。

ジョンソンホームズの場合は、「住宅を売る」という事業に「お客さまに幸せを提供するため」という意味付けをしています。これにより、営業担当者は上司に命令されたから家を売るのではなく、家というアイテムを用いて幸せを提供するという意味を持つことができるのです。

キーワードを見つける作業は、ミッションづくりの根幹をなす重要なプロセスなので、参加者が納得するまで何度も繰り返すことが必要です。ジョンソンホームズでは、その日のワークがスッキリ終わらなかったら、一週間後にもう一度集まることにして各自テーマを持ち帰ります。結果を急がず、「これだ！」という確信が得られるまで考え続ける。ここで手を抜くと強いミッションはつくれません。

ミッションができるまでのプロセス

ミッションやバリューを完成させるまでにはいくつかのプロセスがあります。

①ミッションに必要なキーワードを見つける
②バリューに必要なキーワードを見つける
③キーワードを仕分けてまとめる
④ミッションのエッジを磨く
⑤キーワードを完成させる

この5つのプロセスを順にクリアしていくことで、最終的に自分たちらしさが詰まった理想のミッションが完成するはずです。各プロセスで作業に役立つワークシートを本章の中で紹介していますので実践してみてください。すべてのワークをやり切らなくても、できそうなところから試してみるだけでもいいと思います。今まで気づかなかったことや新しい視点を得るだけでも、明日からの仕事に小さな変化をもたらしてくれるかもしれません。

また、ミッションが完成するまでには数ヶ月〜1年程度の期間を要します。さらに完成したミッションが社内に浸透するにはさらに時間がかかります。皆さんの会社のミッションがなかなか機能しないのは、そこまで時間をかけていないからだと思います。手間暇を惜しまずじっくり時間をかけてつくり上げていくことが、ミッションの骨格を強くします。

ミッションに必要なキーワードを探す

キーワードにはいくつかのテーマがあります。

大きく分けると（1）自社の事業を見直す、（2）社員の働き方を見直す、（3）自分たちの使命は何かを明確にする、（4）職場環境や社風の理想像を見つける。これらを再確認し、明文化し、自分たちの根幹にあるものを探求することで、ミッションのコアとなるものが見えてきます。会社や自分たちの過去を見直し、将来像をイメージする作業であり、ちょっと哲学的な作業になりますが、さらに具体的に考える手がかりとして以下の10個のワークを用意しました。それぞれにワークシートがありますので、それを参考にキーワードを出していってください。

ワーク01／事業に意味をつける
ワーク02／自分たちは何屋か
ワーク03／企業活動のその先と周辺
ワーク04／心が震えるか確認する
ワーク05／自社の歴史を振り返る
ワーク06／自社のよいところを列記する
ワーク07／理想の社員像
ワーク08／よくする指示の本当の意味
ワーク09／自社らしさを洗い出す
ワーク10／どうしてそうしたいのか確信を見つける

キーワードが出てきたら、それをミッションとバリューに分け、似ている言葉をまとめたり絞り込んだりしていきます。最終的にはミッション（3個）、バリュー（10個）程度に絞り込めればほぼ完成です。

3

〈実践編〉ミッションに必要なキーワードを出す

事業に意味をつける／ワーク01

自分は何のために働いているのか、今自分がやっている仕事にはどんな意味があるのか、自分の会社は世の中に何を提供しているのか。つまり、自社の事業に「意味をつける」というワークです。自社の事業の意味を理解しているかどうかで仕事に対する意欲は大きく違ってきます。

ワークのテーマは、この5つです。

①お客さまの喜びの声を集める
②その時お客さまが遭遇していた場面を想像する
③お客さまの暮らしや人生にどのような変化が起きたかを分析する

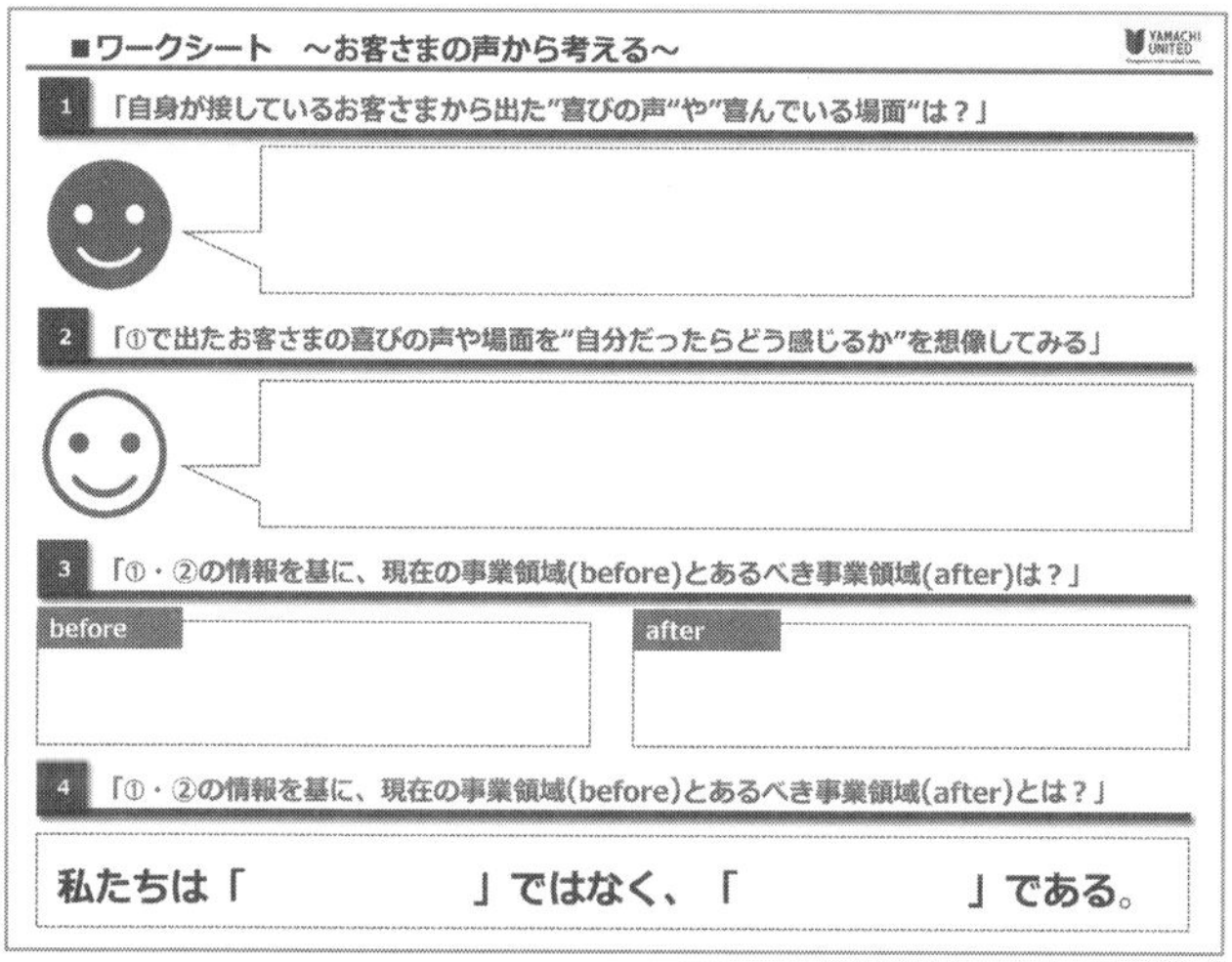
■ワークシート　～お客さまの声から考える～
YAMACHI UNITED
1 「自身が接しているお客さまから出た”喜びの声”や”喜んでいる場面”は？」
2 「①で出たお客さまの喜びの声や場面を”自分だったらどう感じるか”を想像してみる」
3 「①・②の情報を基に、現在の事業領域(before)とあるべき事業領域(after)は？」
before
after
4 「①・②の情報を基に、現在の事業領域(before)とあるべき事業領域(after)とは？」
私たちは「　　　」ではなく、「　　　」である。
ワークシート／お客さまの声から考える

④ 何がお客さまの心を動かしたのかを考える

⑤ 自分たちの事業に新しい意味を付ける

ワークを繰り返していくと、事業ドメインを再定義することができます。

ジョンソンホームズでは「私たちは住宅会社ではなく、暮らしをつくる会社だ」という再定義につながりました。同じように、ワークを通じて「私たちは（　）ではなく、（　）だ」という答えを見つけることがミッションづくりの第一歩になります。

自分たちは何屋かを考える／ワーク02

事業の意味づけができたら、今度はそれを再定義してみます。自社の特徴を俯瞰してみて「結局私たちは何屋さんなのか?」を考えるのです。自分たちが接しているのはどんなお客さまで、普段の業務の中にどんな悩みがあり、自社の特徴はどこにあるのか。

ジョンソンホームズでこのワークをやってみたところ、自分たちは住宅屋さんではなく「幸せな暮らし屋さん」にたどり着きました。

ジョンソンホームズの住宅ブランドにはナチュリエ、アメカジ工務店などがありますが、それぞれに「自分のスタイル見つけ屋さん」「イケてる人生のベース基地屋さん」といった名前が出てきました。家という入れ物よりも、その中で営まれる暮らしや家族の幸せにフォーカスしていることが明確に表れています。

自分たちが何屋か見えてきたら、次に事業ドメインの再定義を行います。今は

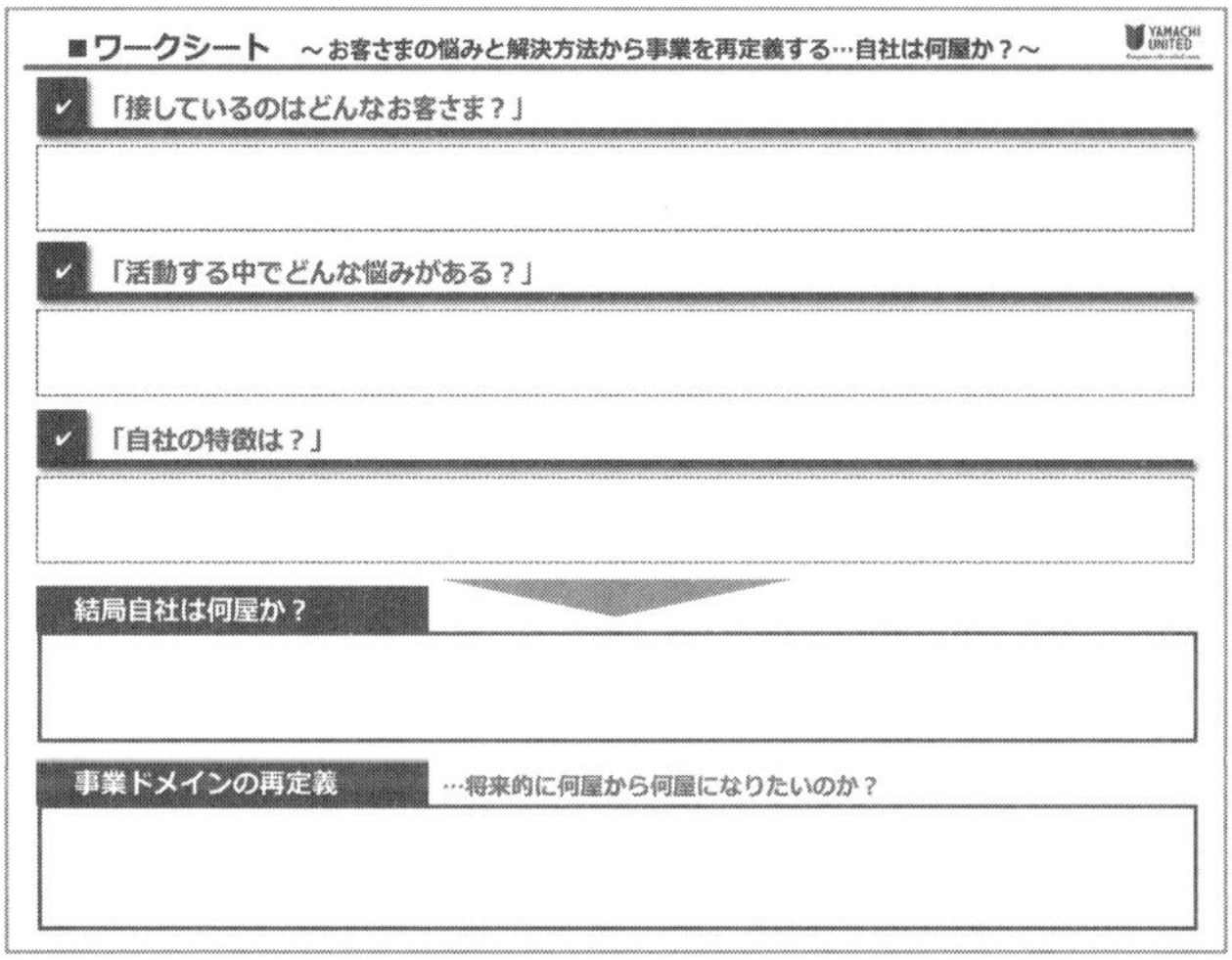
■ワークシート　～お客さまの悩みと解決方法から事業を再定義する…自社は何屋か？～
YAMACHI UNITED
「接しているのはどんなお客さま？」
「活動する中でどんな悩みがある？」
「自社の特徴は？」
結局自社は何屋か？
事業ドメインの再定義
…将来的に何屋から何屋になりたいのか？

ワークシート／お客さまの悩みと解決方法から事業を再定義する 自社は何屋か？

「〇〇屋さん」だけど、将来的には何屋さんになりたいのか。事業ドメインのビフォーアフターを考えるのです。

意味から「先」と「周り」の価値を想像する／ワーク03

事業の意味づけができたら、次は事業と社会との関わりまで意識を広げてみましょう。社会貢献＝問題解決と考えることで、自社が解決できる問題を見つけることもできます。

近年、企業の「社会貢献」が重要視されています。企業とは利益を得るだけでなく、その一部を社会や地域に還元して文化活動や教育活動、環境保全などを支援するべきという考え方です。企業の社会貢献でよく使われるのが、CSR（Corporate Social Responsibility：企業の社会的責任）です。企業サイトやパンフレットなどには必ずと言っていいほどCSRの項目があり、イベントの協賛やスポーツのスポンサード、環境保全活動などさまざまな活動内容を紹介しています。

CSRは、利益の一部を「本業とは違う分野に使う」という考え方ですが、最近は企業活動そのものが社会貢献であるという考え方が出てきています。それがCSV（Creating Shared Value：共有価値の創造）です。CSVは、社会的な課

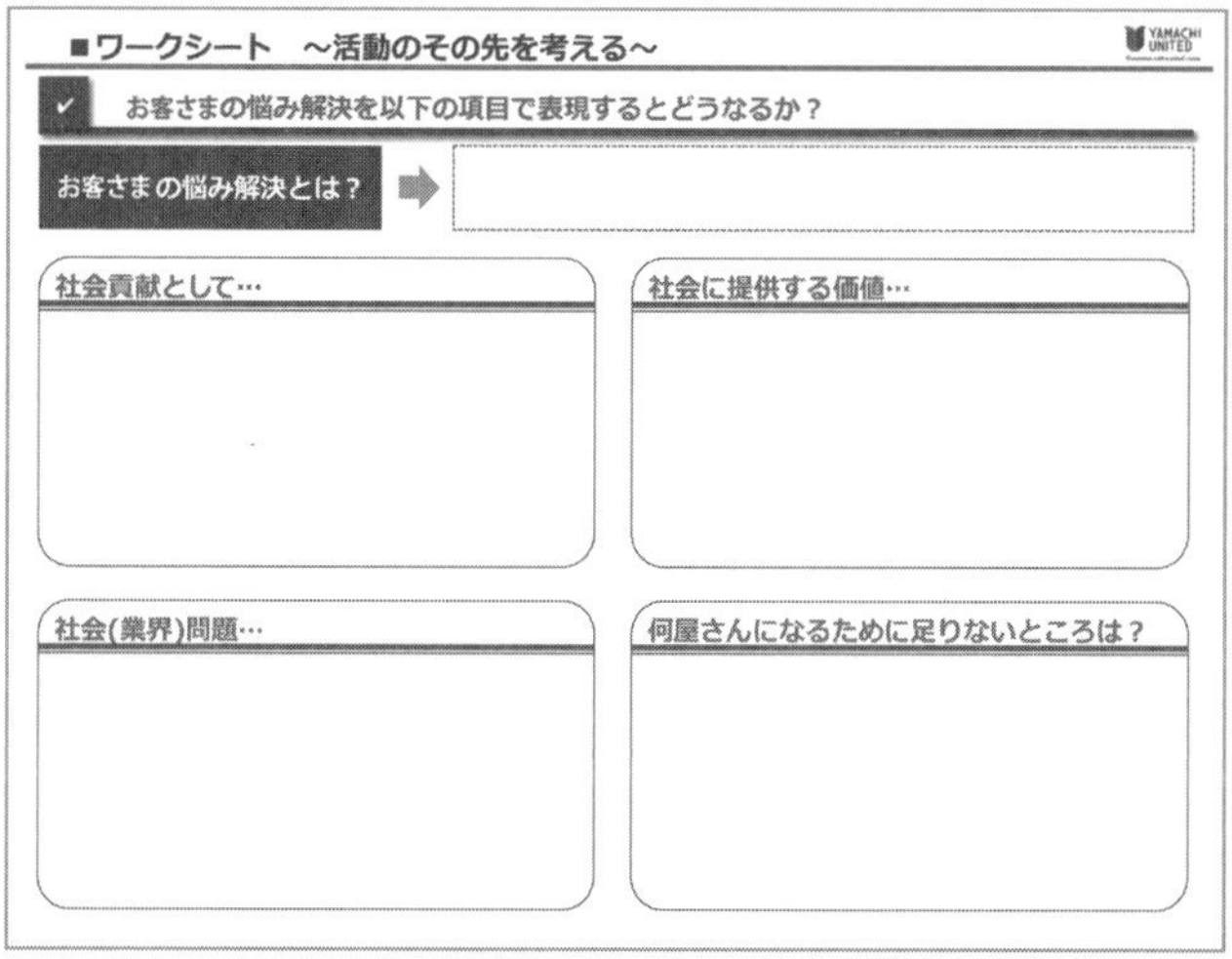
■ワークシート　～活動のその先を考える～
YAMACHI UNITED
お客さまの悩み解決を以下の項目で表現するとどうなるか？
お客さまの悩み解決とは？
社会貢献として…
社会に提供する価値…
社会(業界)問題…
何屋さんになるために足りないところは？

ワークシート／活動のその先を考える

題を自社の強みで解決することで、企業の持続的な成長へとつなげていく差別化戦略ともいえます。ジョンソンホームズもまた、お客さまに幸せな暮らしを提供する事業そのものが社会貢献になるのではないかと考えました。それはとてもワクワクすることでした。仕事をして儲けたお金で何か仕事とは別のことをするのではなく、毎日の仕事そのものが社会貢献につながる。シンプルで分かりやすいだけでなく、仕事のやりがいや達成感をダイレクトに感じることができると思います。

　お客さまの悩み解決を社会貢献ととらえる時は、業界や業態に縛られず風呂敷を大きく広げてみましょう。例えば、人々の健康増進に寄与する、地域に新しいコミュニティを創造する、子どもたちに明るく楽しい居場所をつくってあげたいなど、どんどん拡大解釈して発想を広げてください。

私がこれを考えていたとき、頭の中にあったのは子どもたちを取り巻く環境でした。どんなに立派な家を建てたとしても、家族が幸せに暮らせなければ子どもたちは寂しい思いをします。住宅業界は家を建て、引き渡してしまえばそれでいいのか、その後の家族の暮らしについては一切関わらなくていいのか。楽しく暮らせるよう、幸せな日々が続くようにサポートするべきではないのかという想いがあり、家を建てるときには、デザインや性能の話ばかりじゃなく、家族の幸せをどう叶えるかという話も盛り込むべきなのではないかと考えたのです。私たちの社会貢献は、家族や子どもたちがいつまでも安心して暮らせる環境をつくることだったのです。

自社が解決できるお客さまの悩み。その背後には現代人が抱えている社会問題が潜んでいることもあります。そこまで思いを巡らせ、それを解決するために自分たちは将来的に何屋さんになるべきなのかを考えてみてください。

悩みを解決してもらったお客さまの感謝の言葉と悩み解決に携わった社員の喜び・やりがいを考えます。私たちはお客さまに喜ばれたり感謝されたりすることで

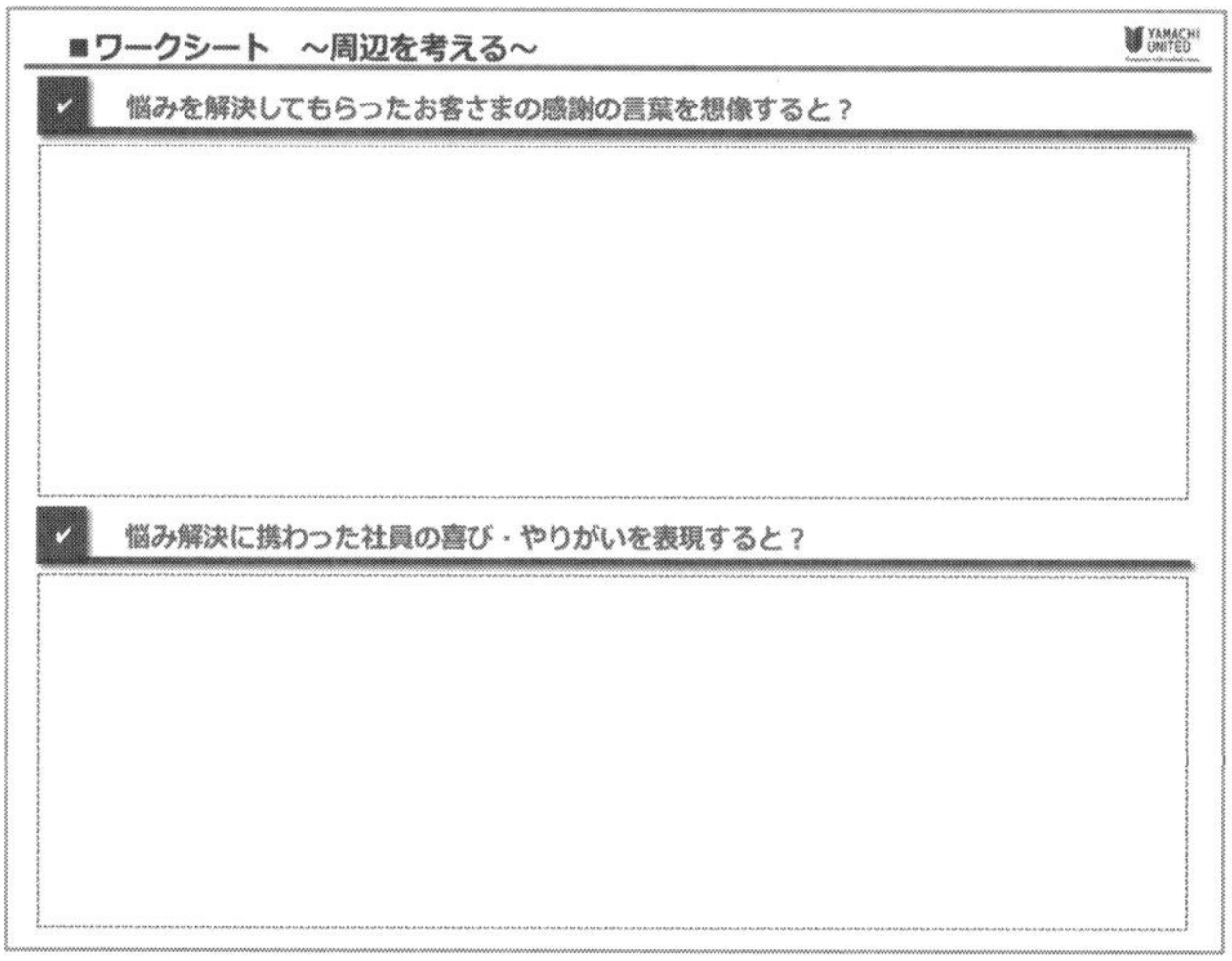
■ワークシート　～周辺を考える～
YAMACHI UNITED
悩みを解決してもらったお客さまの感謝の言葉を想像すると？
悩み解決に携わった社員の喜び・やりがいを表現すると？

ワークシート／周辺を考える

やりがいや達成感を得ます。それを言われたくて働いているようなものです。頑張った結果として感謝の言葉をもらうのではなく、感謝の言葉を言われる状況を先に想像しておく。最初にゴールを想定して、そこに至るためには何をすればいいのかを逆算するわけです。

　お客さまの悩み解決に携わった従業員は、「めっちゃ嬉しいですね、この仕事」とか「めっちゃやりがい感じてるんですよね」といった感想を口にします。現場のトップや経営者は、一人ひとりの従業員がどんな時に喜んでいるか、どんなシチュエーションを楽しんでいるかを観察しておくのが重要です。営業や接客は比較的分かりやすいのですが、総務・経理・管理部門といった内勤の部署は、仕事の楽しさややりがいを感じる機会が少ないので、そこにどんな悩みがあり、どんな風に解決されているかを知っておくことが必要だと思います。

心が震えるか確認する／ワーク04

こうしたワークを何度か繰り返しながら、自社の特徴、強み、社会的な役割、そこに必要な企業姿勢やビジネスモデルなどの全体像を捉えていくと、ある程度キーワードが出揃ってきます。そこで、最後のチェック項目として「そのキーワードに自分の心が震えるか」を確認します。

端的に言えば「その事業に人生をかけてもいいか」ということです。ミッションをつくることが目的になってしまうと、きれいな言葉を並べ、それらしいものを掲げて満足してしまいます。その言葉を見つめ、そこに人生をかけられるかどうかを自問し、もしピンと来なければそれは上っ面の文言です。上っ面だけでは誰にも届

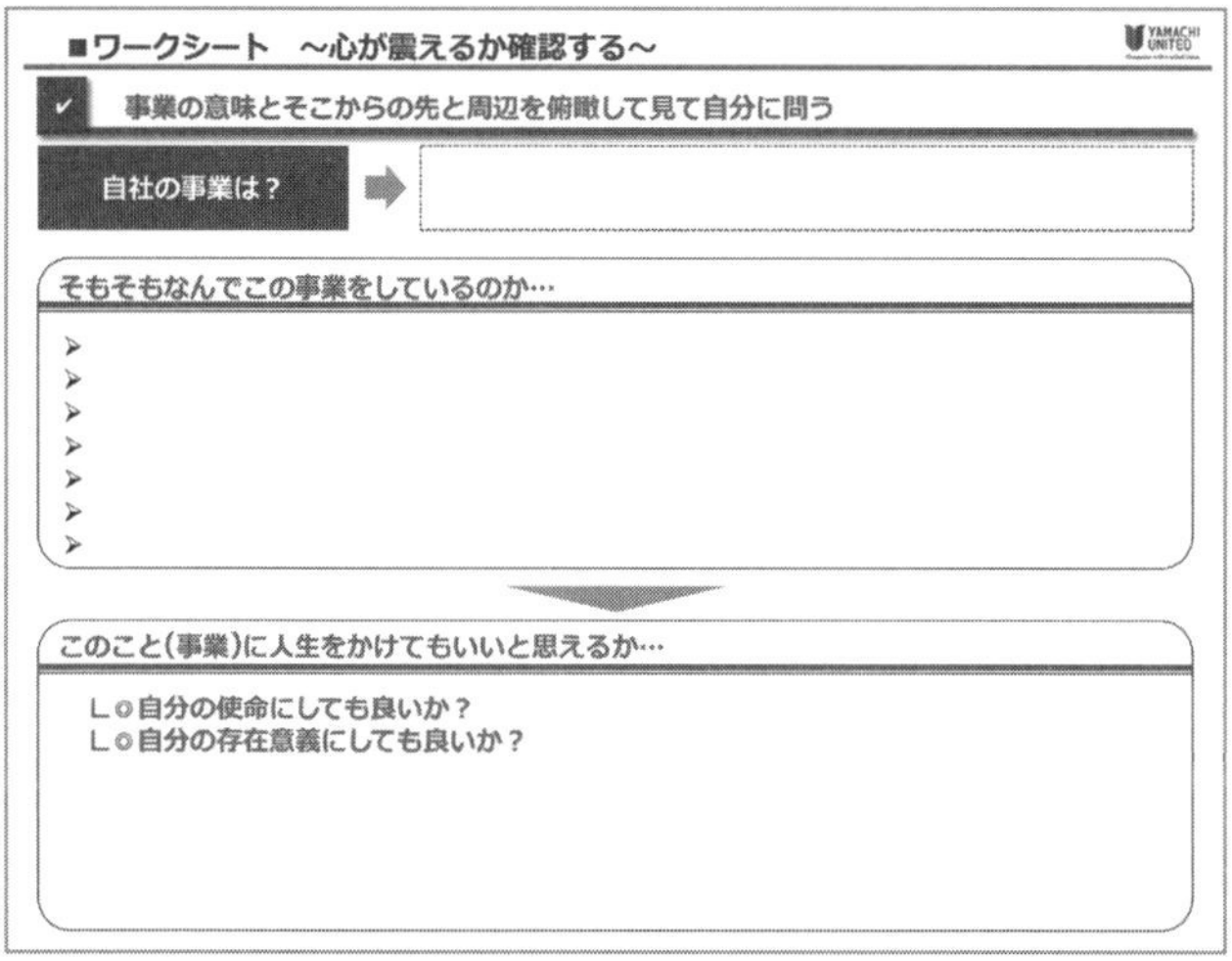
■ワークシート　～心が震えるか確認する～
YAMACHI UNITED
事業の意味とそこからの先と周辺を俯瞰して見て自分に問う
自社の事業は？
そもそもなんでこの事業をしているのか…
このこと(事業)に人生をかけてもいいと思えるか…
L◎自分の使命にしても良いか？
L◎自分の存在意義にしても良いか？

ワークシート／心が震えるか確認する

かないので、一旦破棄してやり直すべきです。

この言葉に魂がこもっていると感じればそれでいいし、違うと思ったらやり直す。私はこの作業を数ヶ月続けました。私が選んだものを社員に見せて意見を聞いてみると、いろいろな意見が出てきました。営業の部署と設計の部署とでは全然違うことを思っていたり、お客さまと直接接する機会があるかないかでも仕事に対する意識やスタンスが異なります。そういうものを受け取って、また数日考えて悩んで、選び直す。一時の感情で決めず、少しずつ熟成させていくことが大事だと思います。

4　〈実践編〉バリューに必要なキーワードを見つける

バリューとは社員が大切にしている想い

ミッションのキーワードがまとまってきたら、次はバリューについて考えていきます。バリューとは社員が日々の業務の中で大切していること、ミッションを実現する上での行動指針となるものです。その会社・社員が大切にしている価値観、ミッション実現のために必要な風土、会社運営スタイルの理由などを表現したものです。

・理想とする社員像、社風、働き方、社員が大切にしていることなど
・ミッションとバリューの位置付け、役割分担など
・ベースとなっているものを見つける

ジョンソンホームズでは次の７つのバリューを掲げています。

〈１〉幸せな暮らしを増やすこと
〈２〉自分らしく生きること
〈３〉あなた想いであること
〈４〉人とのつながりを大切にすること
〈５〉常識にとらわれない自由な発想
〈６〉やりがいを持って楽しく働くこと
〈７〉社員みんなで会社を育てること

この７つに絞り込むまでに膨大な時間と労力がかかりました。社員との面談やディスカッションの中から得られたキーワードや、社員の熱い想いを吸い上げて、最終的にこの７つにまとめました。

自社の歴史を振り返る／ワーク05

バリューはミッションとは異なり働き方や職場環境、社風といった内部的な要素から構成されるので、バリューに必要なキーワードを出すためには自分の会社について振り返ることから始めます。

創業から今日までの歴史、実績、人材、業務フロー、指示系統、社内のコミュニケーションなど自社の現状を総ざらいし、良い点も悪い点も洗い出したうえで、その奥

ワークシート／会社沿革を整理する

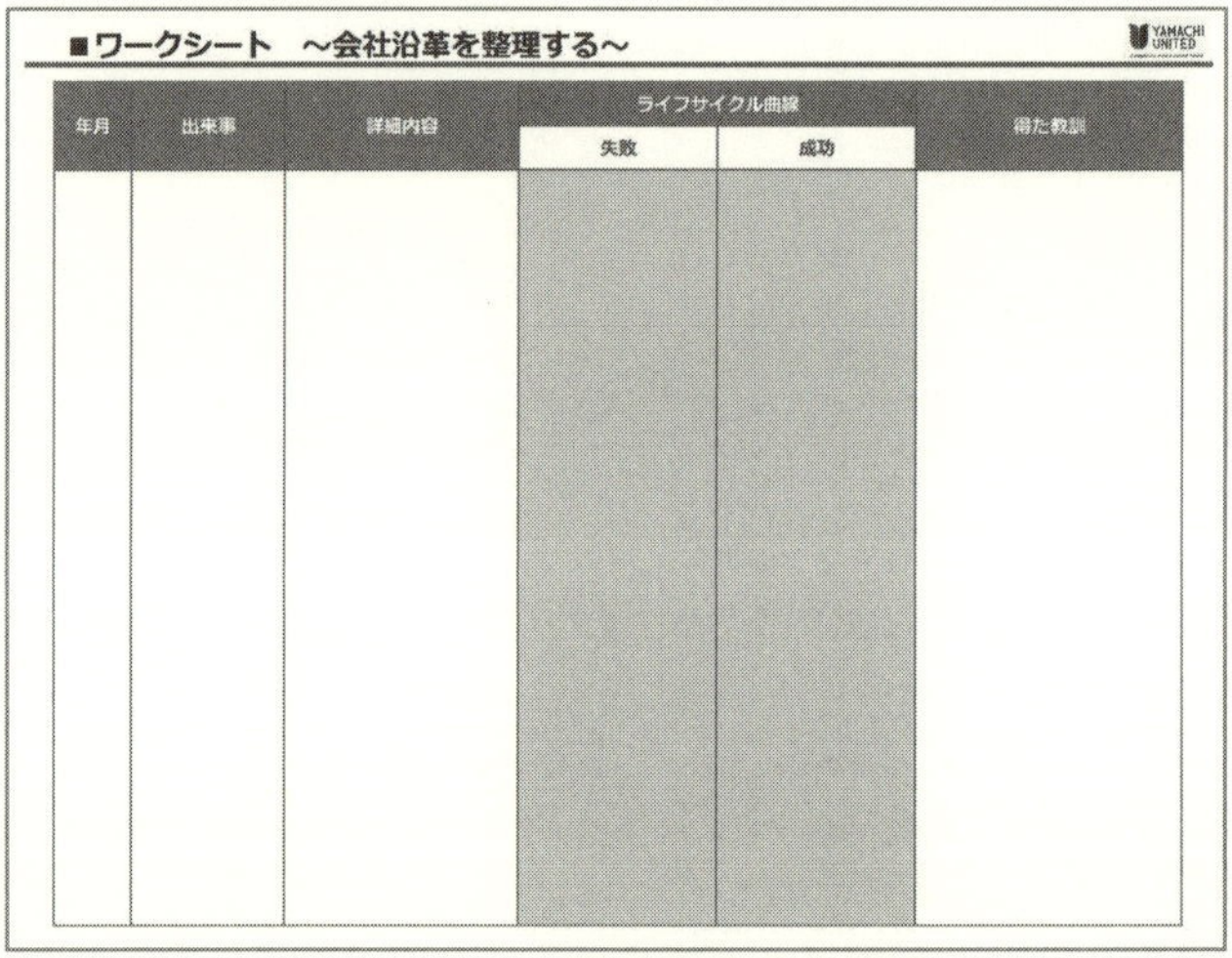
■ワークシート　～会社沿革を整理する～

年月	出来事	詳細内容	ライフサイクル曲線		得た教訓
			失敗	成功	

底にある想いや理想を引っ張り出すことが目標です。

バリューに必要なキーワードを探すには、一度会社の過去を振り返ってみるのがいいいと思います。会社や事業のベースになっているものを全て洗い出し、なぜ今このような会社でこの事業をやっているのかを再確認するのです。

ベースとなる項目には、（1）会社の沿革を整理する、（2）会社の良いところを列記などの手法がおすすめです。例えば、創業者の想いやこれまで積み重ねてきた実績、得意先からの評価など事柄にとらわれずどんどん出していきます。

過去の業績も年代順に並べてみて、業績のよかった時期・悪かった時期を振り返りながら、そこで何が起きていたのかを分析するのもいいでしょう。幹部やベテラン社員に当時のエピソードなどを聞いてみると意外と盛り上がります。

自社のよいところを列記する／ワーク06

次に自社のよいところを列記します。あまり深く考えずとにかくたくさん出すことが重要です。

会社の良いところを列記するには、「会社の良いところ50本ノック」をやります。50個のマスに会社の良いところを書き出していくのです。「風通しが良い」「気軽に相談できる」「休憩スペースがある」「社員旅行がある」など何でもいいから思いつくまま直感的に書いていきます。最初の5、6個

ワークシート／会社の良いところ 50 本ノック

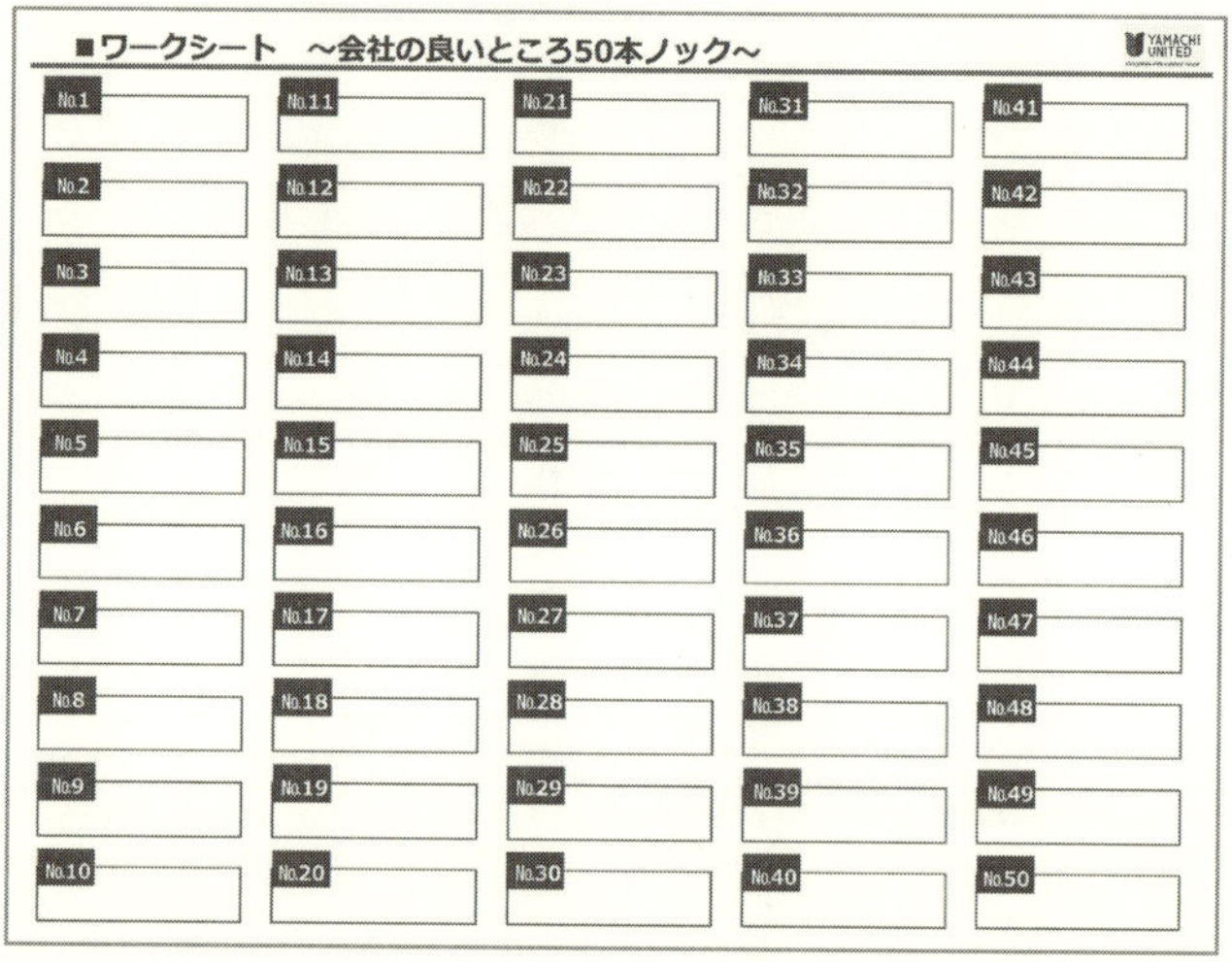
■ワークシート　～会社の良いところ50本ノック～

YAMACHI UNITED

No.1	No.11	No.21	No.31	No.41
No.2	No.12	No.22	No.32	No.42
No.3	No.13	No.23	No.33	No.43
No.4	No.14	No.24	No.34	No.44
No.5	No.15	No.25	No.35	No.45
No.6	No.16	No.26	No.36	No.46
No.7	No.17	No.27	No.37	No.47
No.8	No.18	No.28	No.38	No.48
No.9	No.19	No.29	No.39	No.49
No.10	No.20	No.30	No.40	No.50

はすぐに浮かぶでしょうけど、10個、20個あたりになるとだんだん難しくなってきます。それでも諦めずに出し続けます。「トイレがきれい」とか「社長のヒゲがかわいい」とか、無理矢理にでもひねり出し続けると30本目くらいから面白いものが出てきます。

大人数でやると、いろいろ重複するものが出てきます。それはみんなが認める良いところということなので、重複の多いものからランキングを作ってみると、その会社の個性や雰囲気がなんとなく見えてきます。

理想の社員像をイメージする／ワーク07

理想とする社員像、社風、働き方、社員が大切にしていることなどを考えていきます。まずは社員や同僚の行動で「嬉しい」と感じることと「気に入らない」と感じることをあげてみましょう。

ジョンソンホームズでは、お客さまのためを思っての行動が、倍ぐらいの価値や利益となって返ってくる行動をする人、上下関係のことを一切気にせずお客さまのこ

ワークシート／今の社員の行動で嬉しい行為・気に入らない行為

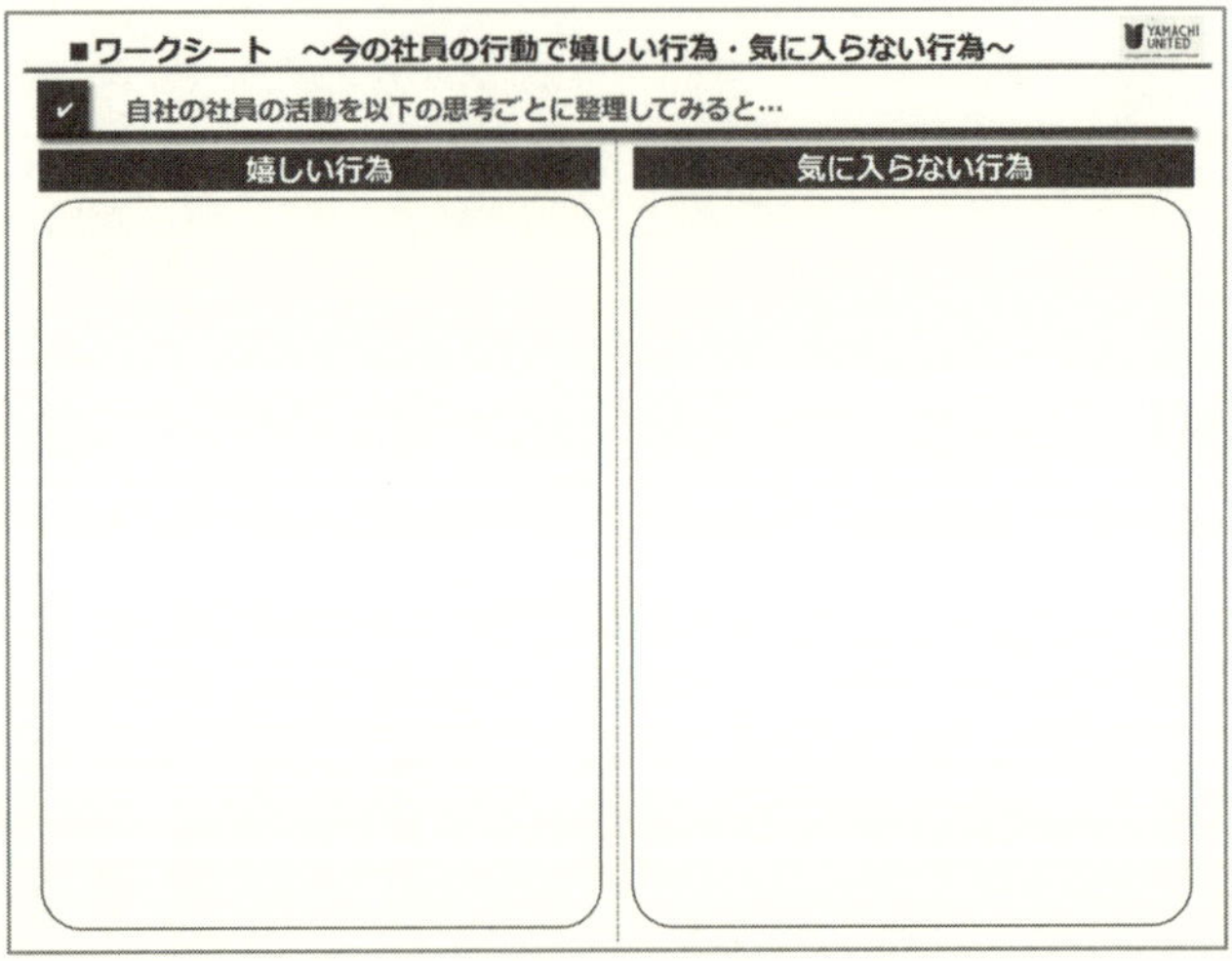

とだけを考えて会社に要求する人などが理想の社員像になります。上司の顔色を伺っている人は理想とは言えません。私も、部下がお客さまのことだけ考えられるように心がけています。

良い面だけでなく許せる場面も理想像として考えることも重要です。社内では多少ハメをはずすことがあっても、お客さまに集中しているのであれば見逃してあげる。人には得手不得手があり、会社の細かいルールについていけない場合もあります。もちろん限度はありますが、許せる場合があるなら「許せる範囲」を明確にしておくと、社員も自分の行動や態度を制御する目安になります。

よくする指示の本当の意味／ワーク08

どんな職場でも上司や先輩から何かしらの指示や命令を受けるものです。しかし、その意図が正しく伝わっているとは限りません。指示する立場の人は、普段自分がよくする指示・命令の本当の意味を考えてみることをおすすめします。

指示するときによく使う言葉と、本当に伝えたいこととが一致しているかを確認してみましょう。

自分の部下に「いつもどんな指示を受けてる?」「それってどう

ワークシート／よくする指示の本当の意味

■ワークシート　～よくする指示の本当の意味～

YAMACHI UNITED

✓ 自分が普段、社員に向けてよくする指示は何か？そこから伝えたいことは？

よくする指示		伝えたいこと
	→	
	→	
	→	
	→	
	→	
	→	
	→	
	→	
	→	
	→	
	→	
	→	
	→	
	→	
	→	
	→	
	→	
	→	
	→	
	→	
	→	

いう意味かわかってる？」と聞いてみるのも一つの手です。部下はその指示をどのように受け止めているのか、自分の意図をちゃんと理解しているかを確認するのです。もしそこに食い違いがあればあなたの意図は伝わっていません。ただ口やかましい上司と思われているだけです。

自社らしさを洗い出す／ワーク09

本書の目的は、読者の皆さんが自社らしさが詰まったミッション

ワークシート／自社らしさ50本ノック

とバリューをつくることです。そのためにもまず、自社らしさとは何かを列記します。前述の「会社の良いところ50本ノック」と同じように、とにかくたくさん出してみてください。

次に理想とする社風、避けたい社風を挙げてみましょう。「笑顔があふれる社内」のような漠然としたイメージでもいいのですが、できれば「社内の会話はこんな風に活発」「上司と部下、先輩後輩の関係はこんな感じ」「職場で共有されているルール」など具体的な切り口から考えてみてください。

ワークシート／理想とする社風と避けたい社風

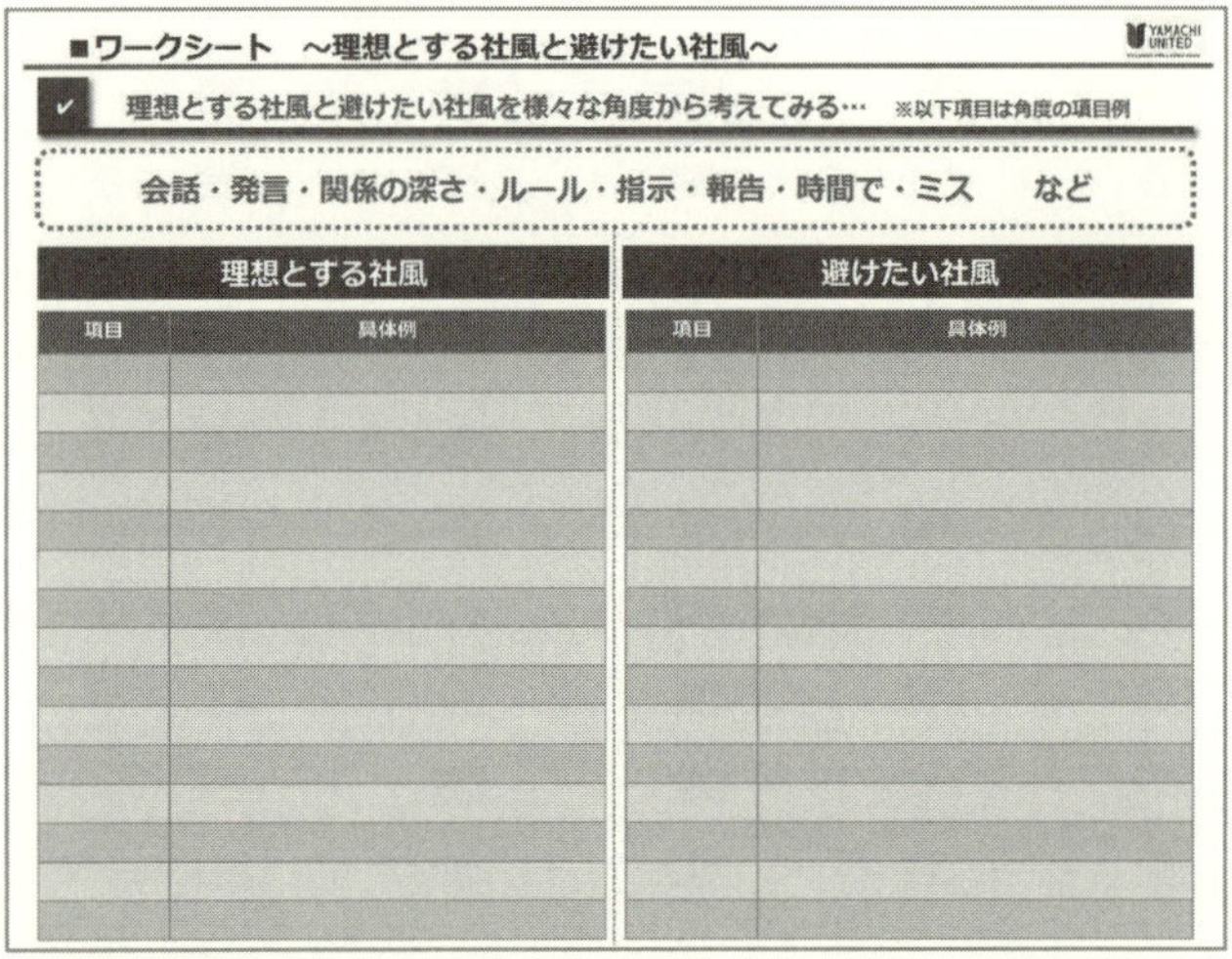

どうしてそう考えるのか核心を見つける／ワーク10

次は、どうしてそう考えるのかという核心を見つけるワークです。理想的な社風の中で理想的な社員が毎日楽しく働くだけでは企業としては不完全です。会社は業績を上げ、成長しなければなりません。そこで、業績を良くしてその結果どうしたいのかということを考えていきます。成長しなければならない理由について全社的にコンセンサスが取れていると社員はまとまり大きなパワーを発揮します。

ワークシート／業績を良くしてどうしたいのか

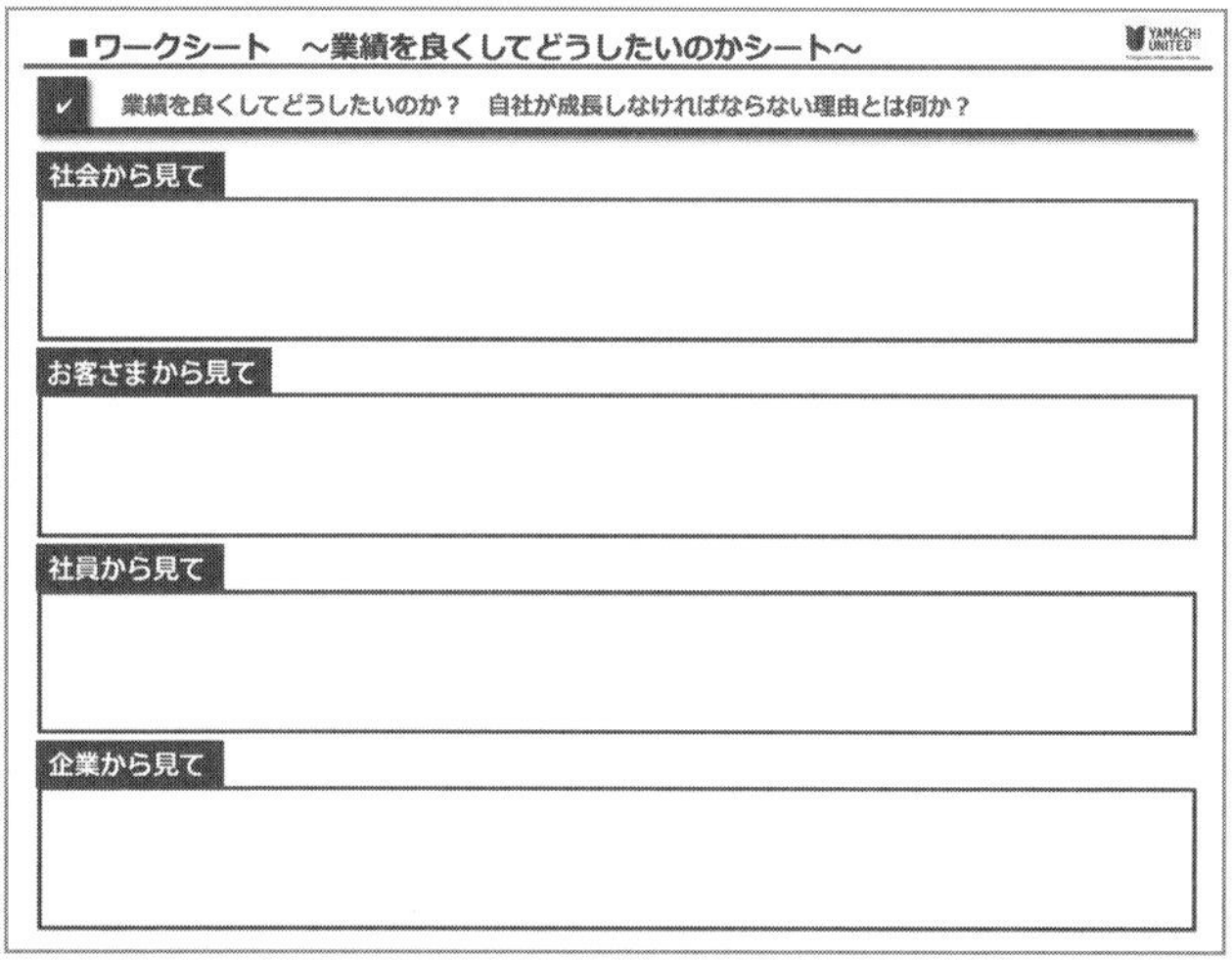
■ワークシート　～業績を良くしてどうしたいのかシート～

YAMACHI UNITED

✓ 業績を良くしてどうしたいのか？　自社が成長しなければならない理由とは何か？

社会から見て

お客さまから見て

社員から見て

企業から見て

自社が成長しなければならない理由を、社会・お客さま・社員・企業の4つの観点から考えます。かなりハードなワークですが、手を抜いて「仕事なんだからとにかくやれ」といったメッセージを出してしまうとやりがいとは無縁の会社になってしまうので、なんとか踏ん張って考えてください。

このワークの答えに一貫した核心が見つけられれば、ミッション・バリューの骨格は完成です。これまでのワークでは、さまざまなワードがたくさん出てきたと思います。それらのワードについて「どうして?」と考えていくと、

ワークシート／どうしてシート

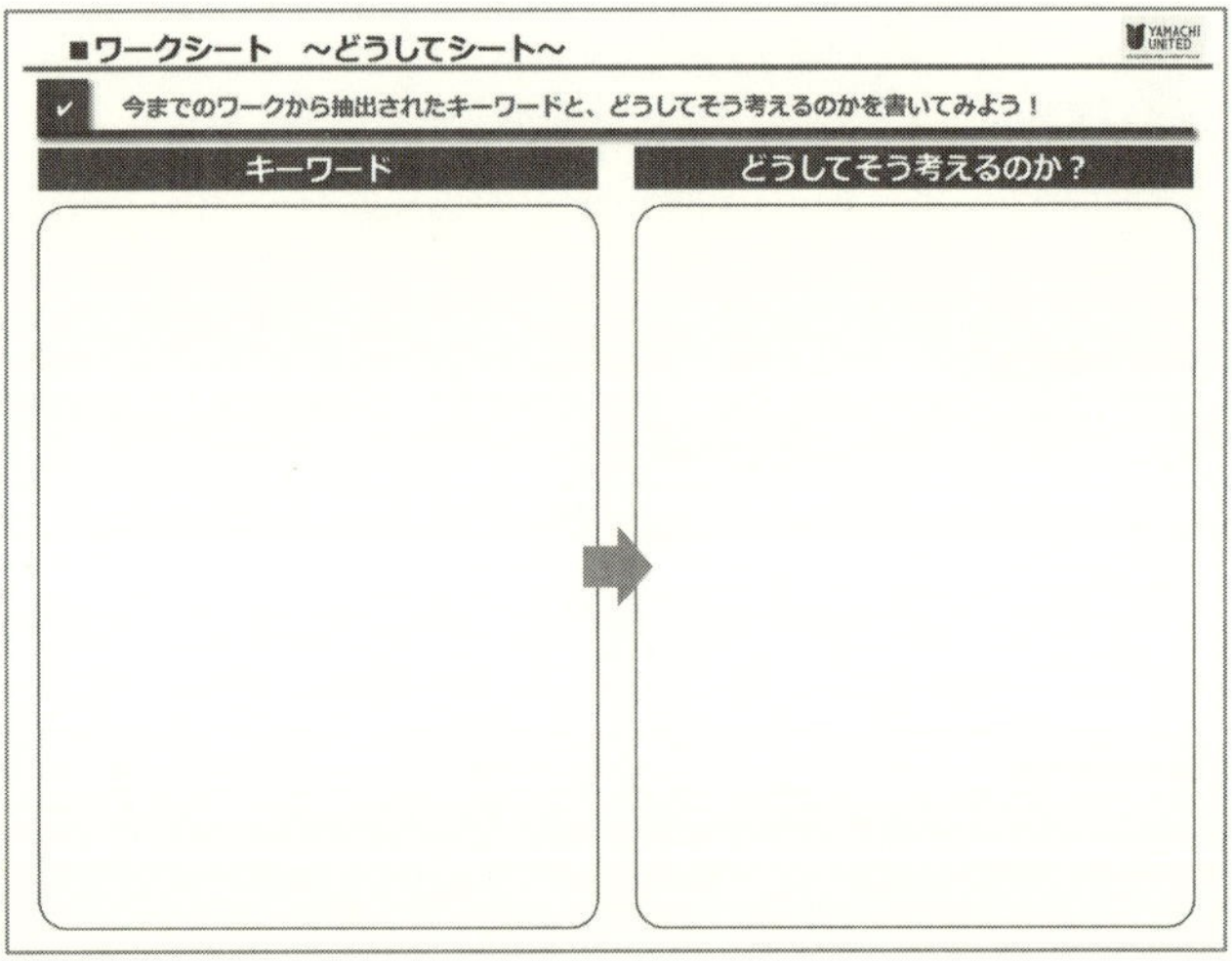

一段上のところに共通点がたくさん出てきて、「そうだったのか！」「だからこう思ったんだ！」という気づきが生まれるはずです。大変だし、難しいワークですが、これをやると今まで言語化されていなかった想いが見えるようになり、みんなと共有できるようになります。

5 キーワードをミッションとバリューに分ける

みんなが共感できるワードを選ぶ

実際にワークをやってみると、この段階に来るまでに数ヶ月かかるはずです。その間、自分たちの会社や仕事、社風などをさまざまな角度から検討し、たくさん

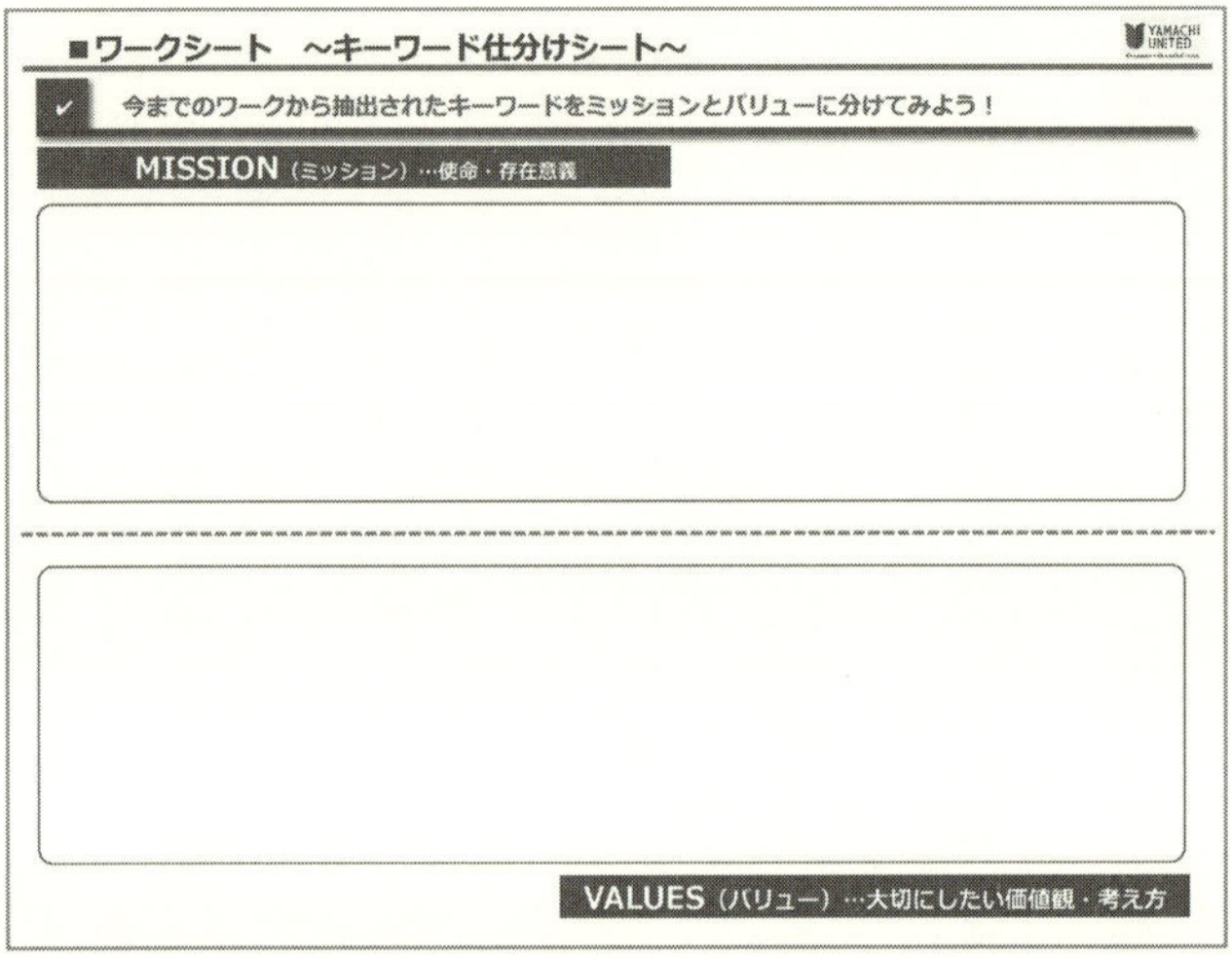
■ワークシート　～キーワード仕分けシート～
YAMACHI UNITED
今までのワークから抽出されたキーワードをミッションとバリューに分けてみよう！
MISSION（ミッション）…使命・存在意義
VALUES（バリュー）…大切にしたい価値観・考え方

ワークシート／キーワード仕分けシート

のキーワードの取捨選択やブラッシュアップを重ねた結果、ようやくミッションやバリューらしき言葉が出揃ってきたのではないでしょうか。

それではいよいよ、キーワードを仕分けてまとめる作業に入りましょう。まずは出てきたキーワードを企業の使命・存在意義（ミッション）に関わりのあるものと、会社の大切にしている価値観（バリュー）に関わるものに分けていきます。

分ける作業が終わったら、今度はそれをミッション（3個）とバリュー（10個）にまで絞ります。

多くの人がありとあらゆるキー

ワードを出し、そこに込められた想いを語ってくれたので、どれもこれも捨てがたいものです。あちらを立てればこちらが立たず、この言葉を入れると、こちらの言葉との整合性が取れなくなるなど、思い悩むことが多いと思いますが、できるだけ多くの人が納得し、共感できるまで根気よく絞り込んでいきましょう。

キーワードを仕分けてまとめる

これまでのワークで出てきたキーワードを、同じ意味や似ている内容のものをまとめ、それらをミッション系とバリュー系に分けていきます。最後に、ミッションとバリューに仕分けられたキーワードをミッション系3個、バリュー系10個まで絞り込みます。絞り込むときのポイントは、選ばれたものの重要度を決めること。ミッションの場合は比重、バリューは順序なども考慮して絞り込んでいきます。

複数人でディスカッションしながら作業するのも効果的です。ディスカッションのなかでさらにブラッシュアップされ、意図が明確になる場合が少なくありませ

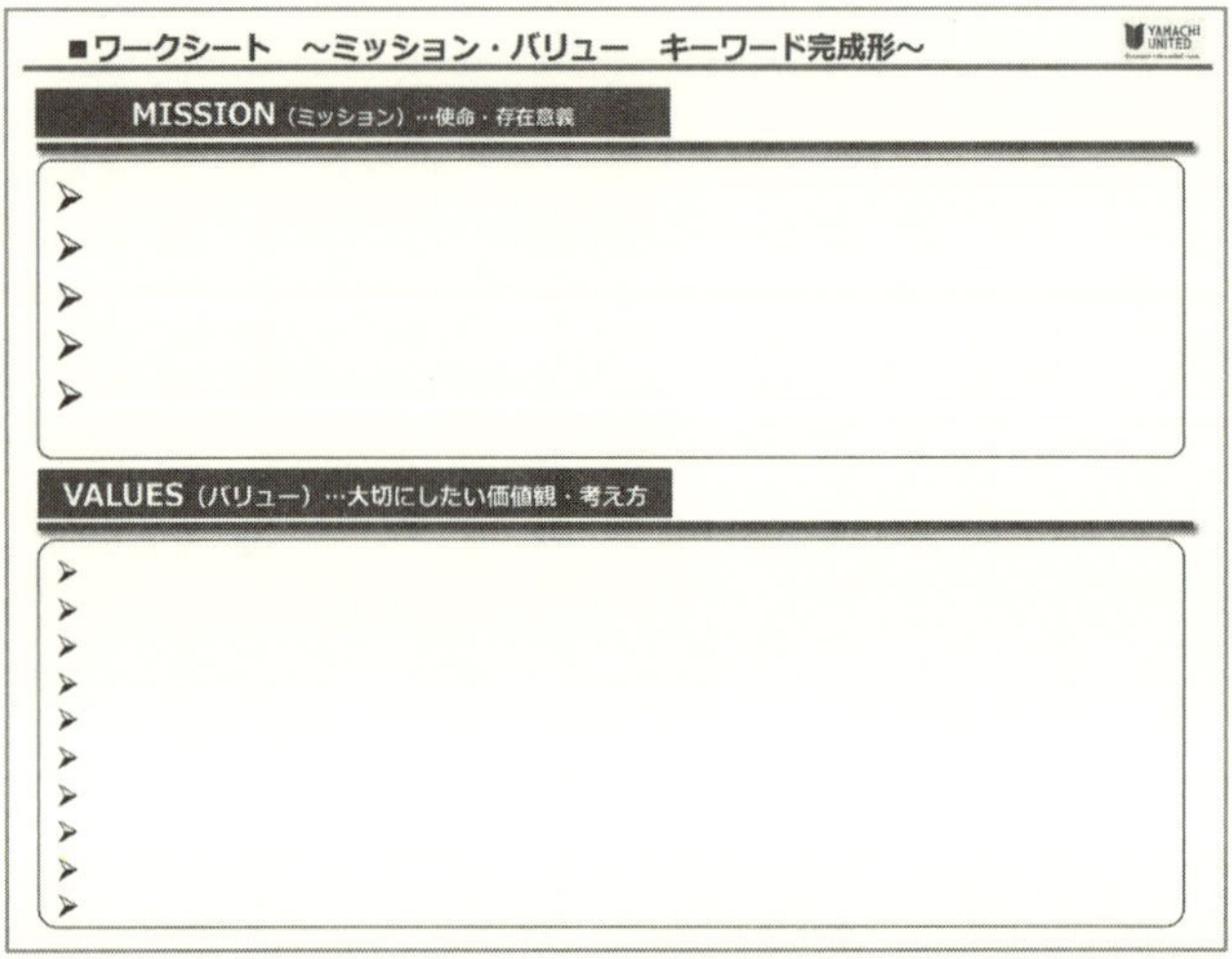

ワークシート／ミッション・バリュー・キーワード完成形

ん。数は大体の目安ですので多少増減しても構いませんが、あまり多すぎるとポイントがぼやけるので、絞りきれないからといって安易に増やすことは避けたほうがいいでしょう。

6 キーワードを完成させる

独りよがりのミッションになっていないか？

ここまで、長い期間をかけて自分たちの想い、社員の想いに特化してキーワードを見出してきました。しかし、企業は社会的な存在でもあるので、自分たちの想いだけを詰め込むわけにはいきません。他人から見たらどう見えるかという切り口で見ないとただの自己満足で終わってしまいます。そこで、次の３つの観点からエッジが立っているかどうかをチェックします。

〈1〉付加価値・強み・競合優位性

客観的に見てお客さま・市場・社会から支持されるかというこ

とです。同じ商品を同じ価格で扱っている他社と比較されたとき、ミッションを伝えることでお客さまの心を動かすことができるか、喜んで自社から買ってくれるか。

もし自分がお客さまだとして、ミッションを熱く語られたら共感するか。これはとても重要な観点です。

私がミッションをつくったときもここはすごく考えました。住宅業界は価格・性能・デザイン性などさまざまな要素で比較されます。私は、価格で負けるならしょうがない、性能で負けるなら潔く負けてもいいと思っていました。でも、住んだ後の暮らしには絶対的な自信があります。楽しく幸せに暮らしたいならウチで建てなきゃダメだというぐらいの強い想いがありました。

〈2〉この会社で働きたくなるか

自分がこの会社で働きたいと思うか、あるいは、就職・転職先としてこの会社は魅力的に思えるかということです。ジョンソンホームズがミッションとバリューをつくってホームページに公開したとき、ミッションに熱く共感して入社を希望する人が驚くほどたくさんきました。「給料は下がってもいいから働かせてください」と言って面接を受けに来るのです。ホームページに掲げてあるミッションを見て、共感して入って来る人たちは、つくった本人よりも熱い想いを持っていると感じます。

〈3〉成長領域は適正か

夢や理想を追いすぎて大風呂敷を広げてしまうと、実際のビジネスとかけ離れてしまう可能性があります。「地球を平和にします」なんて言ってしまうとかえって収拾がつかなくなるので、ある程度の範囲もしくは方向性を限定しておいたほうがいいでしょう。

逆に狭すぎると成長を阻害する場合もあります。ジョンソンホームズは住宅以外にもインテリアや飲食など多角経営している企業なので「家」ということで縛ると多角化できなくなってしまいます。

「暮らし」という言葉を使うことで、住宅以外の分野へ進出する可能性を残したのです。

成長領域とミッションは近い関係にあるので気をつけなければなりません。狭すぎると社員がチャンレジできなくなるのでモチベーションが下がってしまいます。自社の事業の将来性を見ながら、どこまでなら広げられるかを考えてみてください。


キーワードのまとめとチェックが完了したら、いよいよミッションとバリューを仕上げていきます。長い文章でだらだら書くとインパクトが弱くなり、心にすんなり入ってきません。できるだけ短いフレーズでスパッと決めるのがいいでしょう。逆に短すぎると意図が伝わりにくくなるので、かなり難しい作業になると思います。

私は、最終的に残ったキーワードを知り合いのコピーライターに見せ、ミッションとして仕上げてもらうことにしました。言葉のセンスがある人なら自分でできたかもしれませんが、フレーズとしてまとめたり、テンポよく読めて覚えやすい流れにするには、やはりプロに任せた方がいいと思ったのです。

その代わり、コピーライターの出してきた案は徹底的に吟味し、しっくりこないところがあれば遠慮なくダメ出しをしました。なぜならそれらのキーワードについて一番よく理解しているのは私だし、ジョンソンホームズがこのミッションによってひとつにまとまらなければならないのですから妥協は許されません。また、コピーライターになぜダメなのかを説明する度に、自分の中でミッションがより明確になり、研ぎ澄まされていきました。

長い時間をかけ、たくさんの議論を重ね、ようやく完成したミッションとバリュー。熱い想いが詰まったこれらの言葉は、ジョンソンホームズという会社を誰の目にも分かるように表現し、社員のやりがいや喜びを導き、お客さまの信頼と愛着につながっています。ミッションづくりは決して簡単なことではありませんが、企業にとっても経営者にとってもやる価値のある大切なプロセスだと思います。

7 三人寄ればミッションはつくれる

まずはチーム内の身近なミッションから

ミッションは働く目的の最上位の部分を明文化し、全員で理解・共有することを目指しています。しかし、いきなり会社全体のミッションを全社員で考えようというのは難しいでしょう。そこで、まずは自分が所属しているチームやプロジェクトのミッションを考えてみることをおすすめします。「○○で社会に貢献する」などという壮大な理想を掲げなくても、自分たちが果たすべき役割と、それを達成するために必要な社風（グループ内の雰囲気や各人が心がけること）などを話し合ってみてはどうでしょう。

特にチームやプロジェクトのリーダークラスの人は、自分のチームのゴールを再確認し、メンバーの一体感を醸成するためにもミッションを考えてみることは重要だと思います。

全員が「何のためにこのチームに所属しているのか」「チームの目標は何のためにあるのか」「自分はこのチームでどんな役割を担っているのか」をメンバー一人ひとりが深く考え、上位にある共通の目的を確認する。それをきちんと明文化することでチームの目指すゴールが明確になり、まとまりが生まれてくるはずです。

チーム家訓の事例

ミッションという言葉が大げさだったら「家訓」でもいいと思います。実際、ジョンソンホームズでは４人ほどのチームで家訓をつくっているところがあります。住宅営業を担当しているチームで、ここ数年は人員の入れかわりなどもあり、モチベーションの維持・向上の面で悩んでいた時期もあったようです。もちろん、彼らはジョンソンホームズのミッションを十分に理解し日々活用していますが、会社全体の大きなミッションとは別に、自分たちの業態に合わせたより具体的で身近なミッションを考え「家訓」として据えることにしたのです。ちなみに、その家訓はこんな感じです。

①太陽であれ
②本音で向き合う
③思いやり
④最低限残業

この家訓をつくったチームリーダーは次のように語っています。

チーム発足時に全員で大事にする指針を決めようという話になり、全員で話し合って決めました。あまり長くつらつらと書いてもとっつきにくく忘れてしまうので、楽しむ気持ちも込めて「家訓」という呼び方にしました。目的は「営業、設計、工事部、お客さまが皆ハッピーになること」です。そのために私たちが何を大切にしたら目的を叶えられるのかを話し合いました。一番大切にしたい「太陽であれ」の家訓には、つねに前向きで周囲にも明るく前向きなパワーをもたらしたいという想いが込められています。

4人のチームでしたが、共通の目的地ができた感覚でした。困難があった時や迷った時に、自分たちがここでどういう立ち居振る舞いをするべきかの判断基準になるものが家訓だと思います。「これは自分たちらしくないよね」「こうあるべきだよね」という話し合いがチーム内できるようになったと感じます。自分たちの基準で意思決定をし続け、結果を出すことによってチームメンバーの誇りや働きがいにつながっています。

この家訓とジョンソンホームズのミッションとの最大の違いは、リーダー主導ではなく全員が話し合ってつくったことです。一人ひとりの想いや価値観がしっかり盛り込まれているのでメンバーの納得度が高く、気持ちのこもった家訓になっていると思います。たった4人のチームでも、家訓があるとないとでは結束力が違います。意思決定の場面でも判断や行動のスピードが格段に早まり、周りが驚くほどの勢いで結果を出しています。

第五章

ミッションを
浸透させる

1 ミッションを深く浸透させる方法

つくっただけでは何も変わらない

ミッションをつくっただけでは会社は変わりません。ミッションを機能させるには社員全員がその意味と意義を理解し、日々の業務の中で常に実践し続ける環境や風土を醸成することが重要です。せっかくつくったミッションなのに、時間が経つにつれて忘れられていったり、ただなんとなく唱和するだけのものになっては意味がありません。また、年月が経つと社員は入れ替わり、組織も変わっていきます。新しく入ってきた人たちにミッションをつくった理由や想いを伝え、ともに働く仲間となるためにも、ミッションの意味を問い続けることは重要です。

ジョンソンホームズでは、ミッションを社内に浸透させるため次の5つの方法を採用しています。

（1）ミッションミーティング
（2）ミッションから意思決定する
（3）ミッションから業務を変える
（4）発信・共有する場を作る
（5）個人面談を会社の制度にする

ここで重要なのは社員自身が自分で考え、話し、聞くことです。トップや上司が一方的に語っても社員には届きません。話す量＝主体性の法則を徹底すべきです。

最近の住宅業界は価格競争が激しく、ちょっと油断するとすぐに値引き合戦になってしまいます。社員の大半が競合他社の販売価格に気をとられるようになったら、もう一度ミッションを確認するためのワークをやります。競合他社に負けるのは価格のせいではなく、自分たちの商品のコンセプトやミッションを十分に伝えられていないから。そこがちゃんと伝われば、お客さまは私たちを選んでくれるはずだということを繰り返し語り合うのです。

社員全員がミッションについて考え、話す

ミッションを作成した当時のジョンソンホームズのミッションミーティングは、部署や年齢をランダムに集めた6名のグループで実施しています。毎月1回、2時間半を3セット。ひと月に18名の社員が参加し、4ヶ月程度で全社員に回るくらいの頻度です。せっかくミッションをつくっても、日々の業務にまぎれて意識が薄まってしまっては意味がないので、何度も再確認し、新たな気づきを得ることが大切です。

ミッションミーティングでは、ミッションとバリューの一つひとつについて、ワーク形式で話し合っていきます。「このバリューってどういうこと？」「なぜこのバリューにしたんだと思う？　あなたの解釈を聞かせて」などの問いを、自身のエピソードを交えて話してもらいます。エピソードを交えて話すと、ミッションに掲げられているワードやフレーズが、自分の日々の業務にどのように結びついているかを再確認することができます。あの時のあの行動は、ミッションのこの部分を体現したものだという実感が得られるのです。聞いている側も、その人がミッションに基づいてどんな判断・行動を選択しているかを具体的にイメージすることができ

ます。「お客さまのことを第一に思っています」という抽象的な表現ではなく、「こういう場面でこう判断して行動しました」と具体的に話すことが重要です。

ジョンソンホームズのミッションミーティングでは、いろいろなエピソードが出てきます。お客さまへの想い、取引先や業者さんとの関わり、仲間とぶつかったりそれを乗り越えて協力しあったり……。本当に熱い想いの詰まった物語がたくさん出てきて感動します。社員一人ひとりがミッションに照らし合わせて自分の行動を考えることができたら、次にミッションをつくった側が、「なぜこのミッションをつくったのか」を説明します。ミッションをつくった本人が、そこに込められた想いや熱意を語る機会は意外と少ないものです。ですから、ミッションミーティングを通じて社員の想いを聞くと同時に、経営陣が自分の想いを語ってみると、共通する点があったり逆に違っている点が見つかったりして新鮮なものです。

発信・共有する場を設ける

会社の決定事項や出来事をミッションを通じて共有できる場、機会を設けることも重要です。ジョンソンホームズの場合は、朝会や会議、年度始めのキックオフ大会、社内SNSなどできるだけ多くの機会を作って発信・共有しています。朝会では、朝9時に会議室に集まって近況を報告し合います。例えば、ジョンソンレディがオーナーさんのお宅を訪問した時に聞いた話や、クレームの事例報告などです。小さな出来事のように見えても、それを社員全員が知れば「このクレームは放置しておけないでしょう」と反応する社員がいたりします。

また、管理部や積算部などは普段お客さまと接する機会がほとんどないのですが、こうした場で「あのお客さまがこんな風に喜んでいた」とか「すごく幸せそうに暮らしていた」といった話を聞くと、頑張った甲斐があったと感じることができ、心が暖かくなります。

オーナー感謝祭もお客さまと触れ合う機会として非常に大きな役割を果たしています。毎年夏にジョンソンホームズのオーナーさんを3000人ぐらい招待して、社員が企画したイベントやワークショップ、縁日コーナーなどを楽しんでいただくものです。家をお引き渡しした後に、お客さまと社員が再会し思い出話に花を咲かせる様子を見ると私も嬉しくなります。

2 業務の中でミッションを活用する

意思決定の場でミッションを絡める

部下から「これどうしたらいいですか?」と聞かれたときには、「ミッションに絡めて説明してみて」と返します。特にクレームなどは顕著な例です。このクレームに対してどのように対応するのか? まさにミッションの真価が問われる場面です。お客さまの言い分をすべて受け入れこちらに100%非があると認めると、賠償などの費用が発生するでしょう。賠償費用が多額になれば業績に影響が出るし、お客さまからお叱りを受けることで社員の心が傷つく場合もある。できれば穏便にやんわりと納めてしまいたいという気持ちが生まれるのも致し方ないことです。

しかし、そこで自社の利益や社員を守ることはミッションに反するのではないか。お客さまのクレームを抑え込んでおきながら「幸せな暮らしを提供する」と胸を張って言えるでしょうか。意思決定の場面は、自分たちがどれだけミッションに忠実に生きているかを突きつけられます。

社員が悩みを抱えている場合も同様です。「辞めたい」と申し出た社員をそのまま辞めさせるべきなのか。それとも引き止めるべきなのか。引き止めるにしてもどのように対処すればいいのか。

ジョンソンホームズのバリューには社員が「やりがい持って楽しく働く」と掲げられています。社員が幸せになることも重要だとミッションに明記されているのです。幸せを感じていない社員をそのまま勤務させることも、ただ辞めさせてしまうことも、ミッションに合致した対応とは言えません。本人の話をよく聞き、事情をきちんと把握し、その上で今後の方針を検討するべきです。例えば、違う部署に異動させたり、組織的にフォローする体制をつくるといった方策が考えられるでしょう。実際に、部署を異動したことで退職せずに済んだケースもありました。

人間は感情の生き物ですから、意思決定の場面にはどうしても個人の感情が影響してしまいます。私もつい感情に流されそうになることがありますが、そんな時は天井を仰ぎ「ちょっと待て、ここは条件反射的に回答してはいけない場面だ。自分の判断はミッションに鑑みて正しいと言えるのか?」と自問自答します。

ミッションがあるからこそ、判断に迷ったり誤った決断を下す失敗を防ぐことができます。

そういう経験を積み重ねると、すべての意思決定について論理的に説明できるようになります。私は、自分の意思決定のすべてを説明できます。レスポンシビリティ（Responsibility：責任）の意味には「説明責任」も含まれていると思います。企業のトップは、決定事項についてその理由や根拠をきちんと説明できなければならない。記者会見で謝罪したり辞任したりする以前に、社内や社外にきちんと説明する責任があるのではないでしょうか。

ミッションから業務を変える

ミッションが社内に浸透してくると、日常業務にも変化が表れます。なんとなく続けていたやり方やシステムを、ミッションを通して見直すことができるのです。ジョンソンホームズで象徴的な事例がジョンソンレディの発足です。「いつまでも続く幸せな暮らし」と掲げているのに、お引き渡し後のオーナー宅を訪問しないなんてあり得ない。3ヶ月に一度、お客さまがその家に住み続ける間は「永久に」訪問すべきである。そのために組織されたのがジョンソンレディでした。

そのほかにも、ミッションがつくられたことにより改革された業務や組織、独自のサービスなどがいくつも誕生しました。本社内に社員専用のラウンジをつくったこともそのひとつです。上司も部下も関係なく風通しの良いコミュニケーションができるよう雑談できる場所を設けました。

バリューの中に「スタッフの個性が輝く活躍のステージがある」とあるので、輝けないと感じている社員に「FA宣言」をする機会も用意しています。人にはそれぞれ個性があり、仕事の向き不向きがあります。自分がこの仕事に向いていないと感じる社員が他の部署への異動を希望した場合は、上司や経営陣が一緒になってどうすればいいかを考えます。希望通りにならない場合もありますが、ミッションやバリューに掲げている以上は、真剣に正当に対応する。結果よりも軸をブラさないことが社員のモチベーションや情熱の維持向上に不可欠なのです。

時には、会議の中でミッションに合致しない業務やサービスのやり方を洗い出し、プロセスを見直すことも行います。ミッションが浸透していると、上司が何も言わなくても社員の方から「ここは変えなきゃダメだよね」と提案・実施するようになるので、さまざまなアイディアが生まれ、自発的に動くようになります。

個人面談を会社の制度にする

ミッションミーティングや業務改善のための会議以外にも、1対1で話す場面を用意しておくこともおすすめします。元気よく働いていると思っていても、1対1になると結構深刻な話が出てくることもあるのです。特に職場環境や人間関係などデリケートな話題はグループワークではほとんど出てきません。もちろん聞いた内容は秘匿にしますが、面談の中で出てきた課題や問題は会議にあげてみんなで対応を考えるようにしています。業務や社風の改善点は社員一人ひとりの中にある。個人面談をするようになってから気づきました。

ミッションをつくった当初は、私自身が社員全員と面談する時間を取っていましたが、今は私は直接面談せず幹部社員に任せています。社員数が増えてきたので私一人では対応しきれなくなってきたこともありますが、部下が十分に私の代わりを果たしてくれるようになったことも大きいですね。これもミッションが浸透してきた証拠だと実感しています。

第十八章

ミッションを
どう使っていくか

ミッションとは見上げるだけではない

ミッションとは高いところに掲げてあるのを見上げるだけではなく、自分の腹の中にしっかり収めておくべきものです。ミッションが腹に収まっている人は、自分の仕事の意味を知っています。自分が目指すべき理想が見えています。理想を実現するためにやるべきこととやるべきではないことを自覚しています。そういう人は軸がブレることがありません。社外に対しても社内に対してもつねに同じ価値基準で行動します。軸がブレない人たちで構成されたチームは目標に向かって全力で取り組み、必ず目標を達成します。そういうチームがたくさんある組織は、結果的に業績をあげ、成長することができます。

ここでは、現在のジョンソンホームズの社員はミッションをどのように活用しているのか、その実例をいくつかご紹介します。ミッションができる前に入社した社員も、ミッションができてから入社した社員も、それぞれに自分自身の働く意義とミッションとの関わりを考え続けています。ジョンソンホームズのスタッフは、いつも心の中でミッションを意識し、自分の判断と行動の指針にしています。

事例A　本来の目的に立ち返るためのミッション

・入社12年／インテリア事業部ゼネラルマネージャー

私の事業部では、年度末に行うミッションミーティング以外にも、必要を感じたときには随時ミッションミーティングを開催しています。私たちには毎日・毎月・毎年の売り上げ目標があります。目標が達成できないと数字にとらわれ、不安や迷いが生じ、スタッフ同士の人間関係もギスギスしてきます。そんな時、今一度ミッションに立ち返り「自分はなんのために働いているのか」「お客さまに何を届けるのか」「どんな結果を得られると自分たちは嬉しいのか」を再確認するのです。スタッフの方から「ちょっと話を聞いてもらえませんか」と言ってくる場合もあります。

ミッションミーティングでは、スタッフの素直な想いを話してもらうようにしています。「インテリアショップに来ただけでワクワクするよね」「優しくて話しやすい店員がいたらその店は好きになってもらえると思う」「スタッフに会いに来てくれるだけでも嬉しい」など、いろいろな言葉が出てきて、私自身がハッとすることも少なくありません。判断に迷った時、何かを選択しなければならないとき、私たちがもっとも大切にしなければならないことは、お客さまの気持ちに共感し、困りごとを解決し、最適な提案をすることなのだと思い出す。それがミッションミーティングの目的です。目の前の困難に気持ちを奪われて本来の目的を見失っているとき、もう一度原点に立ち返る。その原点のある場所を示しているのがミッションなのです。

「お客さまのため」といくら言っても、実際にやっていることが自分たちの売り上げのための販売だったら、おそらくスタッフは失望するでしょう。私たちの立場上、業績が上がらない時期はどうしても数字に目がいってしまいますし、楽しければ売り上げがゼロでもいいとは決して言えません。しかし、数字を求めることは、ミッションから外れているわけではありません。会社の利益とお客さまの想いを叶えることはイコールである。だから売り上げを達成してみんなで喜びたい。そして、達成することによってお店のファンが増えて店が存続でき、この先もお客さまに幸せを提供できるというところまでを僕らが理解していないと、後輩や新人にミッションの意義を伝えることはできません。そこをつねに保持する責任は感じています。

事例B　ミッションから組織を変える

・入社6年／住宅事業部マネージャー

ジョンソンホームズのミッションは、ひとつの価値観を社員全員に押し付けるものではありません。いろいろな捉え方ができるような表現になっていて、一人ひとりが自分のこととして考えることを求められているように感じます。

だからこそ、ミッションが自分の中にしっかりと根付くことができたと思います。僕は、「楽しく暮らす」というフレーズに表現される人々はお客さまや社員だけでなく、自分の家族や友人も含めてイメージしています。仕事が楽しくないと家庭にも影響してしまうし、プライベートが楽しくないと仕事で笑顔になることもできない。両方幸せに続けられることが私にとってのミッションです。

ジョンソンホームズは暮らしを提案する会社なので、家そのものは暮らしを形づくる手段のひとつだと考えています。引き渡した後もずっとお付き合いを続けさせていただいて、暮らしに関するさまざまな提案をする。それがひとつのストーリーとして続いていくものだと思っています。

一度営業担当から離れてマネジメント専任のポジションになったことがあるのですが、自分にはどうしても合わないと感じて現場に戻りました。マネージャー職はそのままで、営業も兼任するという形です。現場感がなくなると部下に指示やアドバイスを出すときに実感がなく、相手にも伝わりにくい。その代わり、自分と同じポジションにいるマネージャーと役割分担を変更して、彼は全体を統括する役割、自分は店長兼任で現場を見るという感じに業務を分担しました。

現在5人のマネージャーがいて、全員が同じ役割を担っていたのですが、それでは生産性が上がらない。5人の得意不得意を組み合わせて、全体としてマネジメント業務が遂行できるようにマネージャーも役割分担する。そういう体制づくりを進めています。

組織の枠組みに定められたポジションや役割に自分を合わせるのではなく、自分たちがやりやすいように、まずは得意な部分を十分に伸ばせるように枠組みの方を変えていく。ミッションを実現するために組織自体も積極的に変えていく。自分たちが幸せでなければ幸せな提案はできないという発想からすればすごく自然な流れだと思います。

事例C　ミッションを通して自分の働き方を考える

・入社6年／住宅事業部マネージャー

住宅販売に興味を持ち転職を考えていたとき、札幌のモデルハウスを何社か見に行きました。そのとき一番印象がよかったのがジョンソンホームズです。住宅営業というとスーツをビシッと着ているイメージがあったのですが、ジョンソンホームズの人たちはとてもフランクな感じで、話し方も親近感があり、「働くならここだ」と思ってすぐに履歴書を出しました。

入社直後にミッションミーティングに参加し、フランクで親近感のある社風はこのミッションから生まれているのだと改めて感じました。私も頻繁に行われるミッションミーティングに参加することがとても楽しかったですね。「学校祭みたいな会社」と言われますが、自分はその雰囲気がすごく合っていたと思います。学生時代から部活やバンド活動を続けていたので、みんなでワイワイ言いながら盛り上げていくのはすごく心地よかった。今でも入社一年目ぐらいの若い人たちには、ミッションを通してどのように社会貢献していくかという話はしています。

20代前半で経験の浅い人がミッションの本質を理解するのは難しいかもしれません。それでも、まずは一人のお客さまを担当してみて、その人はどう思っているのか、何を求めているのかを徹底して考え、「ありがとう」と感謝される経験をすると何かを掴むようです。そこからチームのために何ができるか、会社のために何ができるかという意識につながっていく。成長するにつれてミッションの理解が深まり、意識が高くなっていくのではないかと思います。

住宅業界は変化の激しい分野なので、業績が悪くなると社内の空気も落ち込みがちになります。競合他社に負けないよう価格調整など小手先の戦略に走ってしまうのですが、そんな時もミッションを見直すことで軸がブレるのを防いでいます。

私たちは「暮らし」を考えている会社です。ジョンソンホームズにはいくつかのブランドがあり、それらは「暮らし」を提案するためのツールです。お客さまの求める暮らしを叶えるために自分たちのブランドをどう使っていくかを考えるべきなのです。「いつまでも幸せな暮らし」といってもそこに望むものは人それぞれなので、その人に合ったコンセプトのブランドを提案していくのが私たちの仕事です。

終章

ずっと一人で頑張っている誰かに

私がジョンソンホームズのミッションをつくったのは2011年のことです。どん底の中で試行錯誤の末にようやく完成したミッションですが、その後の私たちを劇的に変えました。正直なところ、これほどの変革をもたらすとは私自身も思っていませんでした。苦境を脱するには自分の想いを伝え、みんなの想いを聞き、それをカタチにしなければならないと気づき、結果的にミッションが生まれたわけですが、いざ出来てみると想像以上の効果がありました。会社の雰囲気は明るくなり、社員はどんどん新しいことにチャレンジし、ジョンソンホームズの事業領域は住宅業界のみならずインテリアショップや飲食、不動産、保険など幅広い領域へ広がっています。

朝の会議で私の提案したことが、その日の夕方にはプロジェクトとなって動き始めている。今ではそんなことも当たり前のように起きています。私がいちいち指示しなくても関わりのあるスタッフが自発的にメンバーとなり、リーダーを決め、役割分担し、作業工程を決めていく。社内のあちこちで自然発生的にミーティングが始まり、課題や作業がサクサク片付けられていく。これって理想的な仕事のやり方だと思いませんか？　しかも、みんな笑顔でイキイキと働き、職場は活気にあふれ、仕事もプライベートも充実している。あなただって本当はそんな働き方をしたいと思っているはずです。

そのすべてがミッションをつくったことから始まったのだとしたら、これは世の中のあらゆる企業にとっても役に立つはず。いったい何を頑張ればいいのかわからないまま途方にくれている誰かに「想いをカタチにすることから始めませんか」と伝えたい。ずっと一人で頑張っている誰かに「ミッション」という便利なツールがあることを伝えてあげたい。つくるのはちょっと大変だけど、つくってしまえば周りが勝手にそれを使って新しい何かを始めてくれるよ。そう考えたのがこの本をつくるきっかけでした。ミッションとは何か、ミッションがあると何が変わるのか、ミッションをつくることでどんな気づきがあるのか。ミッションを持つことの意味や価値を感じていただければ幸いです。

終章／ずっと一人で頑張っている誰かに

ヤマチユナイテッドとは

ヤマチユナイテッドは
50を超える事業を展開する多角化企業集団です。

1958年に「山地商事」としてスタートし、以後レンタルサービスやイベント事業、輸入住宅販売など積極的に多角化を図り、企業規模を拡大してきました。現在は、ヤマチユナイテッドをグループ統括企業として11の分野（住宅建材、住宅FC、新築住宅、住宅・マンションリフォーム、インテリア、ライフサポート、イベント、経営支援、飲食、教育、不動産・保険）で多様なビジネスを手掛けています。ヤマチユナイテッドは「世の中に、幸せをばらまく」というミッションのもと、100の事業、100の経営者を育てるというグループビジョン「THE 100VISION」を掲げ、「連邦・多角化経営」を推進しています。社員全員は経営に自主的に参加し、ひとつの事業に絞るのではなく、複数の事業がそれぞれ独立採算管理されながらも、横・斜めのコミュニケーションで有機的に連結、複数社・複数事業をひとつの会社のように運営する経営手法が「連邦・多角化経営」です。また、グループ内で培ったノウハウを多くの経営者に伝えるべく、さまざまな経営支援活動を展開。「連邦・多角化経営実践塾」をはじめとする各種経営研修やセミナーを多数開催しています。

ヤマチユナイテッドグループサイト
http://y-united.co.jp/

ヤマチユナイテッド経営支援事業サイト
https://takakuka.jp/

ジョンソンホームズ
https://www.johnsonhome.co.jp/

ワークシート
参考資料

ヤマチユナイテッドで
使用しているワークシート
を掲載しています。

ワークシート
～お客さまの声から考える～

YAMACHI UNITED
Companies with a united vision

①自身が接しているお客さまから出た”喜びの声“や”喜んでいる場面“は？

②①で出たお客さまの喜びの声や場面を”自分だったらどう感じるか”を想像してみる

①・②の情報を基に、
現在の事業領域（before）とあるべき事業領域（after）は？

before	after

①・②の情報を基に、
現在の事業領域（before）とあるべき事業領域（after）とは？

私たちは「　　　　　」ではなく、「　　　　　」である。

ワークシート
〜お客さまの悩みと解決方法から事業を再定義する〜 自社は何屋か？

YAMACHI UNITED
Companies with a united vision

「接しているのはどんなお客さま？」

「活動する中でどんな悩みがある？」

「自社の特徴は？」

結局自社は何屋か？

事業ドメインの再定義 将来的に何屋から何屋になりたいのか？

ワークシート
〜活動のその先を考える〜

YAMACHI UNITED
Companies with a united vision

お客さまの悩み解決を以下の項目で表現するとどうなるか？

お客さまの
悩み解決とは？

社会貢献として……

社会に提供する価値……

社会（業界）問題……

何屋さんになるために足りないところは？

ワークシート
〜周辺を考える〜

YAMACHI UNITED
Companies with a united vision

悩みを解決してもらったお客さまの感謝の言葉を想像すると?

悩み解決に携わった社員の喜び・やりがいを表現すると?

ワークシート
～心が震えるか確認する～

YAMACHI UNITED
Companies with a united vision

事業の意味とそこからの先と周辺を俯瞰して見て自分に問う

自社の事業は？ →

そもそもなんでこの事業をしているのか……

■
■
■
■
■
■
■

このこと（事業）に人生をかけてもいいと思えるか……

✓ 自分の使命にしても良いか？
✓ 自分の存在意義にしても良いか？

ワークシート
～会社沿革を整理する～

YAMACHI UNITED
Companies with a united vision

年 月	出来事	詳細内容	ライフサイクル曲線		得た教訓
			失 敗	成 功	

ワークシート
～会社の良いところ50本ノック～

YAMACHI UNITED
Companies with a united vision

✓ No.1	✓ No.11	✓ No.21	✓ No.31	✓ No.41
✓ No.2	✓ No.12	✓ No.22	✓ No.32	✓ No.42
✓ No.3	✓ No.13	✓ No.23	✓ No.33	✓ No.43
✓ No.4	✓ No.14	✓ No.24	✓ No.34	✓ No.44
✓ No.5	✓ No.15	✓ No.25	✓ No.35	✓ No.45
✓ No.6	✓ No.16	✓ No.26	✓ No.36	✓ No.46
✓ No.7	✓ No.17	✓ No.27	✓ No.37	✓ No.47
✓ No.8	✓ No.18	✓ No.28	✓ No.38	✓ No.48
✓ No.9	✓ No.19	✓ No.29	✓ No.39	✓ No.49
✓ No.10	✓ No.20	✓ No.30	✓ No.40	✓ No.50

ワークシート
～今の社員の行動で嬉しい行為・気に入らない行為～

YAMACHI UNITED
Companies with a unified vision

自社の社員の活動を以下の思考ごとに整理してみると……

嬉しい行為	気に入らない行為

ワークシート
～よくする指示の本当の意味～

YAMACHI UNITED
Companies with a united vision

自分が普段、社員に向けてよくする指示は何か？ そこから伝えたいことは？

よくする指示		伝えたいこと
	▶	
	▶	
	▶	
	▶	
	▶	
	▶	
	▶	
	▶	
	▶	
	▶	
	▶	
	▶	

ワークシート
〜自分が感銘を受けて会社運営に影響している本・言葉・出来事〜

YAMACHI UNITED
Companies with a united vision

自分が感銘を受けて会社運営に影響している本・言葉・出来事
そこから得られた価値観は？

✔ 影響を受けたもの		✔ 得られた価値観
	▶	
	▶	
	▶	
	▶	
	▶	
	▶	
	▶	
	▶	
	▶	
	▶	
	▶	
	▶	

ワークシート
～自社らしさ50本ノック～

YAMACHI UNITED
Companies with a united vision

✓ No.1	✓ No.11	✓ No.21	✓ No.31	✓ No.41
✓ No.2	✓ No.12	✓ No.22	✓ No.32	✓ No.42
✓ No.3	✓ No.13	✓ No.23	✓ No.33	✓ No.43
✓ No.4	✓ No.14	✓ No.24	✓ No.34	✓ No.44
✓ No.5	✓ No.15	✓ No.25	✓ No.35	✓ No.45
✓ No.6	✓ No.16	✓ No.26	✓ No.36	✓ No.46
✓ No.7	✓ No.17	✓ No.27	✓ No.37	✓ No.47
✓ No.8	✓ No.18	✓ No.28	✓ No.38	✓ No.48
✓ No.9	✓ No.19	✓ No.29	✓ No.39	✓ No.49
✓ No.10	✓ No.20	✓ No.30	✓ No.40	✓ No.50

ワークシート
～理想とする社風と避けたい社風～

YAMACHI UNITED
Companies with a united vision

理想とする社風と避けたい社風を様々な角度から考えてみる
※以下項目は角度の項目例

・会話　・発言　・関係の深さ　・ルール　・指示
・報告　・時間で　・ミス　……など

理想とする社風

項目	具体例

避けたい社風

項目	具体例

ワークシート
〜ミッションから想像する理想の社員像ってどんなの？〜

YAMACHI UNITED
Companies with a united vision

理想とする社員像を様々な角度から考えてみる
※以下項目は角度の項目例

・対人折衝　・協調協力　・フットワーク　・予定外対応力　・企画力
・プレッシャー　・持続力　・スピーディ　・統率力　……など

お客さまとの関係性、社内での関係性、上司・後輩との関係性、
仕事の進め方など多方面から考えてみる

▼

項目	具体例

ワークシート
～業績を良くしてどうしたいのかシート

YAMACHI UNITED
Companies with a united vision

☑ 業績を良くしてどうしたいのか？
自社が成長しなければならない理由とは何か？

☑ 社会から見て

☑ お客さまから見て

☑ 社員から見て

☑ 企業から見て

ワークシート
～どうしてシート～

YAMACHI UNITED
Companies with a united vision

今までのワークから抽出されたキーワードと、どうしてそう考えるのかを書いてみよう!

キーワード	どうしてそう考えるのか？

ワークシート
～キーワード仕分けシート～

YAMACHI UNITED
Companies with a united vision

今までのワークから抽出されたキーワードをミッションとバリューに分けてみよう!

ミッション MISSION …… 使命・存在意義

バリュー VALUES …… 大切にしたい価値観・考え方

ワークシート
～ミッション・バリュー キーワード完成形～

YAMACHI UNITED
Companies with a united vision

ミッション MISSION …… 使命・存在意義

■

■

■

■

■

バリュー VALUES …… 大切にしたい価値観・考え方

■

■

■

■

■

■

■

■

■

■

川田新平　*Shimpei Kawata*

株式会社ジョンソンホームズ 常務取締役
ヤマチユナイテッド グループ常務

1971年生まれ、旭川市出身。北海学園大学卒。1995年、新卒でジョンソンホームズ入社。北米輸入住宅の営業活動に従事。2001年、統括マネージャーに就任。会社規模縮小に伴い社員8名体制に。20棟台まで落ち込んでいた年間受注棟数を7年で100棟まで押し上げる。2009年、取締役に就任。人・組織重視の成長を目指して大きく舵を切る。顧客視点かつ斬新な発想から企画・開発した住宅ブランド、ライフスタイル系事業の展開・拡大を牽引。企業ミッションの明文化、共有・浸透を図るとともに、社員が輝き主体的に経営参加する組織を実現する。年間300棟ビルダーに育て、社員数265名(2018年5月時点)の規模にまで成長させた。2015年には、一般財団法人船井財団が主催する「グレートカンパニーアワード2015」において、ジョンソンホームズを「グレートカンパニー大賞」に導く。2017年、ヤマチユナイテッドグループ常務に就任。現在はグループで展開する多様な事業にコミット。毎月500名の社員の話を聴くことを自ら実行している。

ミッションをつくってみたら
組織が大化けしちゃった話

売上が5億から100億に伸びたジョンソンホームズの軌跡

2019年 11月22日　第一刷発行

著　者　川田新平
発行者　斉藤隆幸
定　価　1400円+税
発売所　エイチエス株式会社　https://www.hs-prj.jp
札幌市中央区北2条西20丁目1-12 佐々木ビル
TEL.011-792-7130　FAX.011-613-3700
印　刷　モリモト印刷株式会社

ISBN978-4-903707-92-1